Alles über BORUSSIA MÖNCHENGLADBACH von 1900 bis heute

VERLAG DIE WERKSTATT

Der Autor

Christoph Bausenwein veröffentlichte im Verlag Die Werkstatt einige viel beachtete Bücher, zuletzt über den Bundestrainer *Joachim Löw und sein Traum vom perfekten Spiel*. Zugleich verfasste er Kinderbücher zum Thema Fußball, insbesondere das erfolgreiche „Was ist was"-Fußballbuch.

Bildnachweis:

Archiv Borussia Mönchengladbach: 10 (2), 11 (2), 12o, 13, 14, 19 (2), 22o, 23ur, 24o, 26, 32u, 34r, 45o, 72, 74 (2), 75, 79u

Fotoagentur Horst Müller: Cover (7), 7 (2), 9, 17 (2), 19 (6), 21, 22u, 23 (2), 25u, 26u, 32o, 33m, 35 (4), 37o (2), 38o (2), 39 (5), 44u, 49o, 50, 51 (3), 52o, 53 (2), 56 (2), 57 (2), 58, 63, 65 (3), 66, 67 (4), 68, 73 (2), 79o, 82o, 84, 91o (2), 92 (3), 93ur

Imago Sportfoto: 2/3, 4, 6, 24u, 25o, 26o, 27 (2), 28, 29 (2), 30 (2), 31 (3), 33 (2), 34l, 35 (2), 36, 37u (2), 41, 42 (2), 43 (2), 44o, 45u, 46, 47 (2), 51 (3), 52u, 53 (3), 55, 57o, 59 (2), 60, 61o, 62o, 64, 65 (2), 69 (3), 71, 73u, 76, 77, 78o, 81 (2), 82u, 83 (2), 85 (2), 88, 89, 90, 91u (2), 92u, 93 (4), 94, 95

firo sportphoto: 61, 62; Fußball und Leichtathletik: 12u, 15u; Getty Images: 87u, Kruck: 87o; picture alliance / dpa: Cover (1), 38u, 48l, 80, Rückseite; Privatarchiv: 15o, 16, 18; Wiechmann: 48r, 49u, 78u, 86

Literatur

Wenn ihr noch mehr über die Borussia erfahren wollt, dann schaut doch in unten stehende Bücher aus dem Verlag Die Werkstatt. Aus ihnen stammen auch viele Informationen, die dieses Buch enthält:

E. Kreuels / M. Aretz / S. Giebels:
Borussia Mönchengladbach – Die Chronik, Göttingen 2010
M. Aretz / M. Lessenich:
Fohlen, Feste, Frisuren, Göttingen 2009
H. Jenrich / M. Aretz:
Die Elf vom Niederrhein – 40 Jahre Borussia Mönchengladbach in der Bundesliga, Göttingen 2005

Bibliografische Information der Deutschen Nationalbibliothek:
Die Deutsche Nationalbibliothek verzeichnet diese Publikation in der Deutschen Nationalbibliografie; detaillierte bibliografische Daten sind im Internet über http://dnb.d-nb.de abrufbar.

Lotzestraße 22a, D-37083 Göttingen
www.werkstatt-verlag.de

Satz und Gestaltung: Verlag Die Werkstatt
Covergestaltung: www.vogelsangdesign.de
Druck und Bindung: Grafisches Centrum Cuno, Calbe

ISBN 978-3-89533-900-4

INHALT

DIE BORUSSIA – IHR MYTHOS ENTSTAND IN DEN SIEBZIGERN

Titelverteidigung
Borussia Mönchengladbach schaffte es als erster Bundesliga-Verein, seinen Titel erfolgreich zu verteidigen (1970, 1971). Außer der Borussia, die zwischen 1975 und 1977 dreimal hintereinander Meister wurde, gelang nur noch Bayern München der Titel-Hattrick.

Ehrungen
Die Borussia wurde zweimal, 1971 und 1975, zu Deutschlands Mannschaft des Jahres gekürt. Im Erfolgsjahr 1975 (Gewinn der Deutschen Meisterschaft und des UEFA-Pokals) wurde sie zudem von internationalen Sportjournalisten zu Europas Mannschaft des Jahres gewählt.

Die Borussia hat lange gebraucht, um einer der besten deutschen Fußballklubs zu werden. Nach der Vereinsgründung im Jahr 1900 dauerte es 20 Jahre bis zum ersten großen Titel (Westdeutscher Meister). Danach vergingen weitere 40 Jahre bis zum Pokalsieg 1960. Nach dem Bundesliga-Aufstieg 1965 aber setzte eine atemberaubende Erfolgsserie ein. Die von Hennes Weisweiler trainierte junge „Fohlen-Elf" um Netzer, Vogts & Co. eilte von Sieg zu Sieg. In den 1970er Jahren gingen fünf Deutsche Meisterschaften, ein DFB-Pokal und zwei Titel im UEFA-Pokal (heutige Europa League) nach Mönchengladbach. Außerdem gab es etliche Vizemeisterschaften sowie Finalteilnahmen.

Zu einem Mythos wurde die Borussia aber nicht nur durch ihre Erfolge, sondern vor allem durch die Art und Weise, wie sie spielte: offensiv, mutig, wild und ungestüm. Wenn die Fohlen auf dem Platz standen, gab es meist berauschende Spiele, sagenhafte Pässe und unglaubliche Tore. Aber es gab auch immer wieder Pech, Pannen und dramatische Niederlagen. Unerklärliches Versagen im Elfmeterschießen, Latte

Die Borussia ist im Jahr 1975 nach dem Gewinn von Meisterschaft und UEFA-Pokal auf dem Höhepunkt. Begeistert wird die Mannschaft in Mönchengladbach empfangen.

1970: Die Borussia wird erstmals Deutscher Meister!

und Pfosten, eine fliegende Coladose oder ein schlechter Schiedsrichter ließen die Borussia so manches Spiel unglücklich verlieren. Traumhafte Siege und bittere Niederlagen, höchste Freude und tiefster Schmerz, Hoffnung und Enttäuschung, Triumph und Tränen: All das gehört bei der Borussia bis heute zusammen. Und vielleicht wird sie gerade deswegen so geliebt. Obwohl sie nach den tollen 1970er Jahren nur noch einen einzigen großen Titel gewinnen konnte (DFB-Pokal 1995), hat die Borussia nach wie vor zahlreiche Fans weit über Mönchengladbach hinaus. Aber wer weiß: Vielleicht wird der Mythos der Fohlen schon bald wieder mit neuen Triumphen aufgefrischt.

DFB-Pokal 1995: der vorerst letzte große Titel für die Gladbacher.

Titel und Erfolge

Deutscher Meister 1970, 1971, 1975, 1976, 1977

DFB-Pokalsieger 1960, 1973, 1995

UEFA-Pokalsieger 1975, 1979

Weitere Titel:
Westdeutscher Meister 1920
Staffelmeister der Regionalliga West 1965

GRAUE MÄUSE IN SCHWARZ

Die Borussia 1900 – 1960

Westdeutscher Meister 1920

DFB-Pokalsieger 1960

Die Gründungsmitglieder des „Fußball-Club Borussia“ am 1. August 1900. Alle haben ihren besten Anzug an, weil man sich gerade auf dem großen Sommerausflug der katholischen Jünglings-Vereinigung befindet.

1900: Die Gründung der Borussia

Am 1. August 1900 gründeten im Mönchengladbacher Stadtteil Eicken einige fußballbegeisterte junge Männer, die zusammen auf einer Wiese im Alsbroich miteinander spielten, den „Fußball-Club Borussia 1900“. Allesamt gehörten sie einer katholischen Vereinigung an, der „Marianischen Jünglings-Congregation“. Einige dieser Spieler hatten zuvor bereits bei dem älteren Sportverein Germania gekickt. Aus Unzufriedenheit mit den dortigen Gegebenheiten waren sie ausgetreten und hatten am 17. November 1899 in der Gaststätte „Anton Schmitz“ in der Alsstraße unter den Namen „Borussia“

Kickende junge Borussen auf einer Wiese im Alsbroich.

Geschichte des Fußballs

1848 Erste allgemeine Fußballregeln in England

1863 Gründung des englischen Fußballverbandes

1872 Erstes Pokalendspiel in England

1880 Einführung des Schiedsrichters

1885 Erste Profis in England

1888 Gründung der englischen Liga

1988 Gründung von Germania 1888 in Berlin (ältester heute noch bestehender deutscher Fußballverein)

1900 Gründung des DFB in Leipzig

1903 VfB Leipzig erster Deutscher Meister

1904 Gründung der FIFA in Paris

1930 Erste Weltmeisterschaft in Uruguay

1963 Einführung der Bundesliga

eine eigene Spielgemeinschaft gegründet. Ein paar Monate später waren sie dann den „Marianen" beigetreten. Der Grund: Diese verfügten über einen der damals noch seltenen Fußballplätze.

Ab 1903: Ligaspiele im Westdeutschen Spielverband

Um regelmäßig Spiele durchführen zu können, beschloss die Vereinsversammlung im Februar 1903, dem Rheinisch-Westfälischen Spielverband (dem späteren Westdeutschen Spielverband) beizutreten. Die Borussen, die als Spielkleidung damals meist schwarze Trikots trugen, traten zunächst in der 3. Klasse des Verbandes an. Bereits 1906 stiegen sie in die 2. Klasse des Rheinbezirks auf. Dort erreichten sie auf Anhieb den 1. Platz.

Einer der besten Borussen-Spieler in der Frühzeit: Stephan Ditgens, der Onkel des späteren Nationalspielers Heinz Ditgens.

Eigentlich hätten sie nun in die 1. Klasse aufsteigen müssen. Doch der inzwischen stark gewachsene Westdeutsche Spielverband (WSV) hatte gerade zu diesem Zeitpunkt sein Ligasystem geändert. Auf einem weit größeren Gebiet als bisher gab es nun die Klassen A, B und C. Die Borussia wurde der B-Klasse zugeordnet. Als die Borussia im Jahr 1909 nach drei Entscheidungsspielen gegen den FC Kleve 06 den Titel „Bezirksmeister" errang, hatte sie erneut Pech. Sie stieg zwar in die A-Klasse auf, aber diese war jetzt nur noch zweitklassig. Denn genau in diesem Jahr führte der WSV die Verbandsliga als höchste Spielklasse ein.

Der Name „Borussia"
Viele der neuen Fußballklubs, die in den Jahren um 1900 in ganz Deutschland entstanden, wollten im Vereinsnamen ihre Liebe zur Heimat ausdrücken. Im Rheinland oder in Westfalen nannten sie sich zum Beispiel „Rhenania" oder „Westfalia". Noch beliebter waren Namen, in denen sich der Stolz auf Deutschland ausdrückte: „Germania", „Preußen" oder eben „Borussia" (lateinisch für Preußen).

Bezirksmeisterschaft 1906/07: Urkunde des Rheinisch-Westfälischen Spielverbandes.

Borussias Mannschaft in der Saison 1919/20. Auf der Brust der Spieler die 89 wegen des Zusammenschlusses mit dem Turnverein Germania 1889. Ganz links: Paul Pohl.

Die „Mönche“
Bis heute werden die Borussia-Spieler manchmal die „Mönche“ genannt. Das ist kein Zufall. Vor über 1.000 Jahren haben Benediktinermönche in Gladbach ein Kloster gegründet. Daher also die „Mönche“. Die Stadt wurde allerdings zunächst „München Gladbach“ genannt und „M.-Gladbach“ geschrieben, um eine Verwechslung mit Bergisch Gladbach (oder gar München) zu vermeiden. Erst seit 1960 heißt die Stadt offiziell „Mönchengladbach“.

1912: Endlich erstklassig

In der Spielzeit 1911/12 wurde die Borussia Meister der A-Klasse. Sie stieg in die Verbandsliga Rhein auf und wurde damit zum ersten Mal in ihrer Geschichte erstklassig. Nun wollte man auch noch Westdeutscher Meister werden. Tatsächlich gelangten die Borussen mit drei Siegen ins Endspiel gegen den Kölner BC 1901, den späteren 1. FC Köln. Doch der Konkurrent war noch zu stark. Die Borussia verlor mit 2:4.

In der Folgezeit spielte die Borussia in der höchsten Liga des Verbandes gut mit. Dann kam der Erste Weltkrieg (1914 – 1918) und verhinderte ab 1916 einen normalen Spielbetrieb.

Szene aus dem Endspiel gegen den Kölner BC am 25. April 1920.

1920: Westdeutscher Meister nach Elfmeter-Drama

Um die Folgen des Krieges besser bewältigen zu können, vereinigte sich die Borussia vorübergehend mit dem Turnverein Germania 1889. Nachdem dieser Zusammenschluss 1921 wieder aufgelöst worden war, beschloss die Mitgliederversammlung eine Änderung des Vereinsnamens. Der Klub hieß nun „VfL Borussia 1900 München-Gladbach e.V." Seitdem feuern die Fans also nicht nur die Borussia an, sondern auch den „V-f-L", was „Verein für Leibesübungen" bedeutet.

Ihren bis dahin größten Erfolg erlebte die Borussia in der Spielzeit 1919/20. Sie qualifizierte sich für die Endrunde um die Westdeutsche Meisterschaft. Dort gelangte sie durch Erfolge über den Essener TB und den SV Hamm ins Endspiel. Gegner am 25. April 1920 im Stadion von Neuss war erneut der Kölner BC. Und diesmal siegte die Borussia nach einem packenden Spiel.

Die Borussia lag mit 0:1 zurück, als der Schiedsrichter in der 82. Minute einen Elfmeter pfiff. Paul Pohl, der torgefährliche Spielmacher und Mittelstürmer, trat an und traf. Tor! Nein, kein Tor! Der Schiedsrichter ließ den Elfmeter wiederholen, weil sich Kölns Torhüter zu früh bewegt hatte. Pohl trat erneut an und traf wieder. Doch erneut gab es Wiederholung. Erst nach dem vierten Versuch war der Schiedsrichter zufrieden. Der extrem coole Pohl hatte sich nicht beirren lassen und viermal sicher verwandelt. Er hatte Kölns Torhüter mit ausgestrecktem Finger sogar jedes Mal die Ecke angezeigt, in die er schießen würde.

Mit diesem 1:1 rettete sich die Borussia in die Verlängerung, in der Janssen und wiederum Pohl den 3:1-Sieg sicherstellten. Als Westdeutscher Meister war die Borussia nun berechtigt, an der Endrunde um die Deutsche Meisterschaft teilzunehmen. Dort bedeutete eine 0:7-Niederlage gegen die SpVgg Fürth leider gleich in der 1. Runde das Aus.

Der Bökelberg
Im März 1914 erwarb die Borussia eine ausgebaute Kiesgrube am Bökelberg, um dort ein eigenes Stadion zu errichten. Mit Hilfe der Vereinsmitglieder, die den Bau finanziell unterstützten, entstand eine moderne Anlage, die am 20. September 1919 eröffnet wurde.

Borussia-Fans im Jahr 1921: Alle mit Hut!

Ein Kranz für den Jubilar: Kapitän Paul Pohl wird 1928 von Präsident Jean Nolden für sein 250. Spiel für die Borussia geehrt.

1929: Meister des Rheinbezirks

Im Jahr 1929 feierten die Borussen mit der Meisterschaft im Rheinbezirk ihren nächsten Erfolg. Als Erster der Gruppe 1 der Bezirksklasse mussten sie gegen Köln-Sülz antreten, den Sieger der Gruppe 2. In drei Entscheidungsspielen behielten die immer noch von Paul Pohl angeführten Gladbacher die Oberhand (0:1, 4:1 und 1:0). Anschließend gelang die Qualifikation für die Spiele um die Westdeutsche Meisterschaft. Dort stieß die Borussia dann an ihre Grenzen, besonders im Spiel gegen den aufstrebenden FC Schalke 04. Mit 0:4 gingen Pohl & Co. gegen die Stars um Fritz Szepan und Ernst Kuzorra unter.

1930: Verbotene Zahlungen

Die Spielzeit 1930/31 begann mit einem Skandal: Einigen Spielern der Borussia – wie auch des FC Schalke 04 – wurde vorgeworfen, Geld fürs Fußballspielen erhalten zu haben. Das war damals strikt verboten. Es gab noch keine Profis. Mehrere Spieler wurden gesperrt, einige Männer aus der Verwaltung des Vereins wurden entlassen. Und der Borussia wurde eine Strafe von 1.000 Mark aufgebrummt.

1933 bis 1945: Keine Erfolge in der Nazizeit

Nach der Machtübernahme der Nationalsozialisten im Jahr 1933 war auch der Sport überschattet von der Diktatur Adolf Hitlers. Alle Vereine mussten ihre jüdischen Mitglieder ausschließen, kritische Menschen wurden verfolgt. Wie bei allen anderen Klubs

Olympia-Ausweis für Heinz Ditgens: Ditgens war als erster Nationalspieler der Borussia auch bei den Olympischen Spielen 1936 dabei.

gab es auch bei der Borussia Anhänger und Gegner der Nazis. Einer der Gegner war der ehemalige Borussia-Vorstand Wilhelm Brocke. Er wurde verhaftet, weil er einen jüdischen Geschäftsfreund unterstützt hatte. Anschließend wurde er in einem Konzentrationslager eingesperrt, wo er 1943 zu Tode kam.

Die höchste Spielklasse bestand ab 1933 aus 16 Gauligen, deren Sieger in einer Endrunde den Deutschen Meister ausspielten. Die Borussia, die kurzzeitig mit dem Sport-Club 1894 e. V., dem späteren 1. FC Mönchengladbach, zusammengegangen war, startete in der Gauliga Niederrhein. Der Fusionsverein landete auf einem mittleren Tabellenplatz und wurde dann wieder aufgelöst. Nun war die Borussia zu schwach, um mitzuhalten. 1936 stieg sie in die Bezirksliga ab. Zwar wurde sie dort in den folgenden Jahren viermal Meister, der Aufstieg wollte ihr aber nicht gelingen.

In der Zeit von 1939 bis 1945, als der von den Nationalsozialisten angezettelte Zweite Weltkrieg tobte, trat der Sport immer mehr in den Hintergrund. Die Qualität der Mannschaften war extrem unterschiedlich. So ist auch die höchste Borussen-Niederlage aller Zeiten – ein 0:13 bei den Sportfreunden Neuss im Spieljahr 1942/43 – heute fast vergessen. Die Saison 1944/45, die letzte vor Kriegsende, wurde in ganz Deutschland vorzeitig abgebrochen.

Der erste Nationalspieler der Borussia

Der Linksverteidiger Heinz Ditgens gab am 4. August 1936 bei den Olympischen Spielen in Berlin sein Debüt im Nationaltrikot. Deutschland besiegte Luxemburg mit 9:0. Drei Tage später stand er auch beim 0:2 gegen Norwegen auf dem Platz. Die Niederlage bedeutete das Aus für das mit hohen Erwartungen gestartete deutsche Team. Ditgens spielte auch nach dem Kriegsende 1945 für die Borussia. Weil er sich als Soldat in Russland die Zehen erfroren hatte, musste er mit Spezialschuhen antreten.

Borussias Karl Berkele allein vor dem Torwart, doch am 16. März 1929 verlieren die Gladbacher im ersten Entscheidungsspiel um die Bezirksmeisterschaft in Sülz mit 0:1.

Der Losentscheid gegen Aachen
Im Pokalspiel gegen Alemannia Aachen hatte die Borussia Glück. Beide Spiele endeten 3:3 unentschieden. Da es damals noch kein Elfmeterschießen gab, musste das Los entscheiden. Der Schiedsrichter forderte die Kapitäne der Teams zum Zettelziehen auf. Einer war leer, auf dem anderen stand „Sieger". Gladbachs Brülls zog den Sieger-Zettel.

1950: Aufstieg in die Oberliga West

Nach dem Zweiten Weltkrieg war das Stadion der Borussia eine Zeit lang ein Panzerparkplatz der Engländer. Doch bereits am 5. August 1945 kam es dort zu einem ersten Treffen gegen den alten Stadtrivalen SC, das mit einem 3:2-Sieg endete. Ab 1946/47 gab es auch wieder Ligaspiele. Die Borussia spielte zunächst in der Bezirks- und dann in der Landesliga. 1947/48 wurde der deutsche Spitzenfußball in fünf Oberligen (Nord, West, Süd, Südwest und Berlin) aufgeteilt, deren beste Teams in einer Endrunde die Deutsche Meisterschaft ausspielten.
Die Borussia startete 1949/50 in der 2. Liga West, dem Unterbau der Oberliga West. Als Trainer hatte man die ehemaligen Spitzenspieler Paul Pohl und Heinz Ditgens verpflichtet. Unter ihrer Anleitung zeigte die Mannschaft einige mitreißende Spiele. Ergebnis: Als Vizemeister stieg die Borussia in die Oberliga auf.

DIE POKALSIEGER VON 1960

Ehrung für den Aufsteiger: Borussias Kapitän Bernhard Schiller darf den Lorbeerkranz tragen.

Triumph im DFB-Pokal 1960! Der Siegtorschütze Albert Brülls mit dem Pokal, der damals noch anders aussah als heute.

1951 bis 1959: Auf und Ab

Das Oberliga-Gastspiel der Borussia dauerte allerdings nur eine Saison. Nach dem Abstieg fiel die frustrierte Mannschaft auseinander, doch mit neuen Spielern gelang 1952 der sofortige Wiederaufstieg. Es folgten fünf Jahre, in denen sich die Borussen mehr schlecht als recht in der Oberliga halten konnten. 1956/57 kam es dann zu einer Serie von katastrophalen Leistungen, darunter 14 Niederlagen in Folge! Am Ende der Saison war die Borussia als Tabellenletzter erneut abgestiegen – mit dem grauenvollen Torverhältnis von 39:112.

Die Borussia rappelte sich aber schnell wieder auf und schaffte zum zweiten Mal die umgehende Rückkehr in die Erstklassigkeit. Ohne großes Zittern gelang 1958/59 der Klassenerhalt. Doch um ganz vorne mitzuspielen, war das Team nicht stark genug. Der treffsichere Stürmer Albert Brülls war der einzige Spieler von Extraklasse.

1960: Sieg im DFB-Pokal

1959/60 kam der in der Liga weit hinten rangierende VfL zu einem völlig unerwarteten Erfolg: Im Pokalwettbewerb gelangte er ins westdeutsche Finale, in dem der 1. FC Köln mit 3:1 besiegt wurde. In der Pokal-Endrunde folgte dann ein 2:0-Sieg gegen den amtierenden Deutschen Meister Hamburger SV. Am 5. Oktober 1960 stand die Borussia schließlich vor 51.000 Zuschauern im Endspiel in Düsseldorf und gewann mit 3:2 gegen den Karlsruher SC! Mühlhausen, Kohn und Brülls sorgten für die Treffer, die den bis dahin größten Erfolg des Vereins sicherstellten. Die Borussia war jetzt unter den ganz Großen des deutschen Fußballs angekommen. Ganz Mönchengladbach jubelte – und jeder Spieler erhielt zur Belohnung eine Armbanduhr.

Keine Chance gegen die Rangers
Der Pokalsieg ermöglichte der Borussia die Teilnahme an dem erstmals ausgespielten Europapokal der Pokalsieger. Für einen internationalen Triumph war das Team jedoch noch nicht reif. In der 1. Runde waren die Neulinge aus Mönchengladbach gegen den späteren Finalisten Glasgow Rangers chancenlos: Sie verloren mit 0:3 und 0:8.

Wimpeltausch vor Borussias allererstem Europapokalspiel: dem Spiel gegen die Glasgow Rangers in Düsseldorf.

DIE BESTEN BORUSSEN
DIE STARS DER OBERLIGA

Vertragsspieler
Am 24. Juli 1949 trat der VfL Borussia Mönchengladbach in die neu geschaffene Gemeinschaft der Vertragsspieler-Clubs ein. Damit war es nun offiziell erlaubt, mit dem Fußball Geld zu verdienen. Mehr als maximal 320 DM im Monat durften es allerdings nicht sein. So mussten die Spieler neben dem Fußball auch „richtig" arbeiten. Ewald Nienhaus etwa war als Textiltechniker beschäftigt, Albert Brülls betrieb eine Tankstelle.

Der erste namhafte Spieler der Borussia war zweifellos **TONI TUREK**, der berühmte Towart des deutschen Weltmeisterteams von 1954. Als „alter Mann" von 37 Jahren war er 1956/57 allerdings nicht mehr zu Klasseleistungen in der Lage und kam nur noch zu vier Einsätzen.

GERD SCHOMMEN, 1955 vom 1. FC Mönchengladbach zur Borussia gestoßen, trug in der Oberliga als Mittelläufer 176-mal das schwarze VfL-Trikot. Nach dem Ende seiner Karriere war er noch in vielen Funktionen, unter anderem als Jugendleiter, bei der Borussia tätig. Der laufstarke Mittelfeldspieler **EGMONT KABLITZ** glänzte in 197 Oberligaspielen vor allem als Vorbereiter. **FRITZ PLISKA**, der spätere Trainer der Borussia, war 1951/52 zugleich Kapitän und Spielertrainer. Ob als Verteidiger, in der Läuferreihe oder als Stürmer – der eisenharte 35-Jährige lehrte allen Gegnern das Fürchten.

Der trickreiche und dribbelstarke **WILLI WICKEN**, der in 255 Oberligaspielen keinem Zweikampf aus dem Weg ging und abseits des Platzes immer eine freche Lippe riskierte, war ein Liebling der Fans. **EWALD NIENHAUS** war schnell und schussstark. Er sorgte von 1953 bis 1957 auf der linken Sturmseite für Torgefahr. 1959 kam **ULI KOHN** zur Borussia und entwickelte sich zum besten Torjäger der Oberliga-Jahre: Der flinke Stürmer brachte es in 101 Oberligaspielen auf 50 Treffer. **FRANZ BRUNGS** stand als junger Mann in der Pokalsieger-Elf von 1960. Der wegen seiner Kopfballstärke „Goldköpfchen" genannte Stürmer hatte seine beste Zeit dann allerdings in Dortmund und Nürnberg.

Der überragende Borusse der Oberligazeit war zweifellos **ALBERT BRÜLLS**. 1955, im Alter von 18 Jahren, stand er erstmals in der 1. Mannschaft. Bald entwickelte sich der bullige Angreifer zum ersten richtigen Star, über den in den Zeitungen ausführlich berichtet wurde. 1959 wurde Brülls – als erst zweiter Borusse überhaupt – Nationalspieler, und im Jahr darauf führte er das Team der Borussia zum Pokalsieg. Den Siegtreffer erzielte er gleich selbst.

Uli Kohn jongliert lässig den Ball.

Lustigerweise gab es im Borussia-Kader der Oberligazeit vier Spieler mit dem gleichen Nachnamen: **ALBERT, DIETER, GÜNTER** und **HEINZ JANSEN**. Keiner der Jansens war mit einem anderen verwandt. Albert, der Außenverteidiger und Pokalsieger von 1960, lief 120-mal in der Oberliga auf. Dieter Jansen trug in 31 Spielen das VfL-Trikot. Günter Jansen war Torhüter beim Pokalerfolg 1960. Obwohl er 1957 vom ungeliebten Rivalen 1. FC Köln nach Gladbach gekommen war, hatte er sich mit seinen tollen Paraden rasch in die Herzen der Fans gespielt. Heinz Jansen zählte mit 42 Toren in 114 Spielen zu den besten Stürmern dieser Zeit

Als Spielertrainer auch Kapitän der Borussen: Fritz Pliska.

Albert Brülls hat abgezogen.

TRIUMPHE DER FOHLEN

Die Borussia 1961 – 1979

Meister der Regionalliga West 1965

Deutscher Meister 1970, 1971, 1975, 1976, 1977

DFB-Pokalsieger 1973

UEFA-Pokalsieger 1975, 1979

DAMEN
FRISEUR
Schneider
GALERIE ABELS

Fohlen-Elf
Der Name „Fohlen-Elf“, den der damalige Sportredakteur der *Rheinischen Post* August Hurtmanns erfand, bezog sich nicht nur auf die Jugend des Teams, das beim Aufstieg 1965 ein Durchschnittsalter von 21,5 Jahren hatte. Er sollte auch die ungehemmte Spielfreude der stets offensiv eingestellten Borussia beschreiben: Netzer, Heynckes & Co. wirbelten quicklebendig und ohne taktische Zwänge über den Platz – wie junge Fohlen eben.

1963: Bundesliga ohne Borussia

Zur Saison 1963/64 wurden die Oberligen aufgelöst und die 1. Bundesliga eingeführt. Die Borussia war leider noch nicht gut genug, um direkt in den Kreis der Erstligisten aufgenommen zu werden. Sie musste zunächst in der Regionalliga West antreten, was unserer heutigen 2. Liga entsprach.

Plakat zum Bundesliga-Aufstiegsspiel gegen Holstein Kiel. Die Borussia gewann durch einen Kopfball von Egon Milder in der 90. Minute mit 1:0.

1964: Weisweiler und die „weißen Fohlen“

1964 kam die Borussia nur auf den 8. Platz in der Regionalliga. Als daraufhin Trainer Fritz Langner zu Schalke 04 wechselte, wagte es die Borussia, mit Hennes Weisweiler einen Trainer-Neuling zu verpflichten. Der ehemalige Assistent des Bundestrainers Sepp Herberger sorgte für radikale Neuerungen: Er ersetzte die traditionsreichen schwarzen Trikots durch blütenweiße, und er setzte auf blutjunge Spieler, die bald den Ruf der Borussia als jugendlich-ungestüme „Fohlen-Elf“ begründen sollten. Von kleinen Vereinen aus der Nachbarschaft und aus der eigenen Jugend kamen zunächst Spieler wie Günter Netzer, Jupp Heynckes, Bernd Rupp und Herbert Laumen, die sich bei den Profis beweisen durften.

Der Aufstieg ist perfekt: Jugendliche Fans begleiten am 26. Juni 1965 den erschöpften Günter Netzer vom Platz.

1965: Aufstieg in die Bundesliga

Die junge Borussia stürmte leichtfüßig durch die Regionalliga-Saison 1964/65. Mit drei Punkten Vorsprung auf Verfolger Alemannia Aachen und einem Torverhältnis von 92:39 wurden die Fohlen souverän Meister der Regionalliga West. In der anschließenden Aufstiegsrunde schalteten sie Holstein Kiel, Wormatia Worms und den SSV Reutlingen aus. Gegen Reutlingen gelang sogar ein 7:0-Schützenfest! Endlich war die Borussia wieder erstklassig!

Bundesliga-Aufstiegsspiel gegen Wormatia Worms: Jupp Heynckes lässt seinen Wormser Gegenspieler aussteigen.

1967: Die Torfabrik aus Mönchengladbach

In ihrer ersten Bundesliga-Saison zeigten die durch weitere junge Talente wie Berti Vogts verstärkten Fohlen einige tolle Spiele. Da ihre Leistung aber noch nicht konstant genug war, sprang letztlich nur ein 13. Platz heraus. In der nächsten Saison, als der Borussen-Sturm insgesamt 70 Treffer erzielte, bekamen die Fohlen nach einem sagenhaften 11:0-Heimsieg gegen Schalke 04 einen neuen Spitznamen: die „Torfabrik". Weil sie aber auch viele Gegentore kassierten, nämlich 49, reichte es am Ende nur zum 8. Platz. Am Ende der Saison 1967/68, in der man erneut zweistellig gewann (10:0 gegen Neunkirchen), rangierte die Borussia als torgefährlichstes Bundesliga-Team (77 Treffer) auf Rang 3 der Tabelle. Die gleiche Platzierung erreichte man auch in der darauffolgenden Saison, allerdings mit weniger Treffern: Die Torjäger Heynckes und Rupp hatten den Verein inzwischen verlassen. Die große Schwachstelle des Teams war aber nach wie vor die Abwehr, die erneut mehr als 40 Gegentore zugelassen hatte.

Erster Hattrick
Beim 5:1 gegen Hannover 96 am 30. September 1967 erzielte Herbert Laumen den ersten Bundesliga-Hattrick für die Borussia. Er traf in der 3., 6. und 9. Minute.

Rechts: Günter Netzer war der Schöpfer der Stadionzeitung Fohlen-Echo. Die erste Ausgabe erschien am 30. Oktober 1965.

Links: Die Fohlen-Offensive: Bernd Rupp, Herbert Laumen, Herbert Wimmer, Jupp Heynckes und Günter Netzer.

1970: Erster Meistertitel mit starker Abwehr

Zur Saison 1969/70 wich Trainer Weisweiler erstmals von seinem Konzept ab, ausschließlich auf junge, torhungrige Nachwuchsspieler zu setzen. Auf Anraten seines Spielmachers Günter Netzer holte er mit Luggi Müller und Klaus-Dieter Sieloff zwei erfahrene Verteidiger. Sie sollten zusammen mit dem bewährten Hartwig Bleidick und der neuen Nummer 1 im Tor, Wolfgang Kleff, die Abwehr stabilisieren.

Plakat für das Spiel der Borussia gegen die israelische Nationalmannschaft am 12. August 1969. Die Fohlen aus Mönchengladbach gewannen mit 3:0.

Tatsächlich folgte eine tolle Hinrunde, in der die Borussia lediglich eine einzige Niederlage hinnehmen musste. Auch in der Rückrunde siegten die Weisweiler-Schützlinge weiter. Nach einem 4:3-Heimsieg gegen den Hamburger SV am 33. Spieltag stand die Meisterschaft vorzeitig fest. Am Ende hatte die Borussia vier Punkte Vorsprung auf den Zweiten, den Titelverteidiger Bayern München. Die Defensive hatte bei nur 29 Gegentoren so sicher gestanden wie nie zuvor. Und der Sturm, der sich aus dem bewährten Herbert Laumen sowie den frischen Kräften Horst Köppel und Ulrik Le Fèvre zusammensetzte, war mit 71 Saisontoren treffsicher wie eh und je.

Elfmeter-Aus im Europapokal
Am 4. November 1970 endete der erste Auftritt der Borussia im Europapokal der Landesmeister unglücklich im Achtelfinale. Nach einem 1:1 im Heimspiel stand es auch im Rückspiel beim englischen Meister FC Everton nach 90 Minuten 1:1. Nach einer torlosen Verlängerung gab es Elfmeterschießen. Herbert Laumen und Luggi Müller versagten die Nerven, die Borussia schied mit 3:4 im Elfmeterschießen aus. Je fünf Spieler traten an. Zunächst verfehlte ein Engländer, dann versagten Herbert Laumen und Luggi Müller die Nerven. Damit stand es 3:4, und die Borussia war ausgeschieden.

Die Mannschaft des Titelverteidigers von 1971.

1971: Titelverteidigung und Pfostenbruch

1970/71 stürmte die Borussia mit dem an den Bökelberg zurückgekehrten Jupp Heynckes erneut an die Spitze. Sie hatte den besten Sturm und die beste Abwehr (77:35 Tore). Dennoch war das Titelrennen äußerst knapp. Während der gesamten Spielzeit lag der VfL Kopf an Kopf mit dem Dauerkonkurrenten FC Bayern. Beinahe wäre es schiefgegangen mit der Titelverteidigung. Schuld daran war ein seltsamer Zwischenfall am 27. Spieltag ...

An jenem 3. April 1971 stand es am Bökelberg im Spiel gegen Werder Bremen 1:1, als in der 88. Minute der Borussen-Stürmer Herbert Laumen nach einem Kopfballversuch zusammen mit dem Bremer Torwart Günter Bernard ins Netz stürzte. Der damals noch hölzerne linke Torpfosten hielt die Erschütterung nicht aus und brach knapp über der Grasnarbe ab. Das Tor kippte um und Laumen zappelte wie ein Fisch im Netz. Da ein Ersatztor nicht aufzutreiben war und stümperhafte Reparaturversuche erfolglos blieben, pfiff der Schiedsrichter das Spiel vorzeitig ab. Ein Wiederholungsspiel gab es nicht: Weil die Gladbacher schuld am Spielabbruch gewesen seien, wertete der DFB das Spiel als 2:0-Sieg für Bremen. Durch diesen Pfostenbruch verlor die Borussia also zwei wertvolle Punkte im Titelrennen. Dennoch gelang ihr am 34. Spieltag das Meisterstück. Während die Fohlen bei Eintracht Frankfurt mit 4:1 gewannen, verloren die zuvor punktgleichen Bayern mit 0:2 beim MSV Duisburg. Die Borussia hatte als erste Mannschaft in der Geschichte der Bundesliga ihren Titel erfolgreich verteidigt!

Nur 15 Spieler
In der Meistersaison 1970/71 setzte Hennes Weisweiler lediglich 15 Spieler ein:
Kleff, Vogts, Sieloff, Müller, Bleidick, Bonhof, Dietrich, Wimmer, Netzer, Heynckes, Köppel, Laumen, Le Fèvre, Wittmann, Wloka.

Der Pfostenbruch vom Bökelberg: Herbert Laumen im Netz (oben); Spieler und Zuschauer versuchen vergeblich, das Tor wieder aufzurichten (unten).

„Tor des Jahres“: Ulrik Le Fèvre erzielt am 23. Oktober 1971 beim 7:0 gegen Schalke 04 das erste „Tor des Jahres“.

1971: Europapokal-Aus nach Büchsenwurf

Bei ihrem zweiten Auftritt im Europapokal der Landesmeister drang die Borussia erneut bis ins Achtelfinale vor. Dort traf sie am 20. Oktober 1971 auf Inter Mailand. Sie zerlegte den italienischen Meister nach allen Regeln der Kunst. Die Fohlen spielten wie im Rausch und zeigten Tricks und Ballstaffetten vom Feinsten. Zweimal Heynckes, zweimal Le Fèvre, zweimal Netzer und schließlich Sieloff per Foulelfmeter sorgten für einen unfassbaren Torreigen. Der zwischenzeitliche 1:1-Ausgleich war nicht mehr als ein kleiner Schönheitsfehler. Doch dann das Unfassbare: Der grandiose 7:1-Sieg zählte nicht, die UEFA wollte das Spiel auf neutralem Platz wiederholen lassen. Was war passiert?

In der 28. Minute hatte der Italiener Roberto Boninsegna an der Seitenlinie mit Luggi Müller um einen Einwurf gerangelt. Plötzlich war er umgekippt, kurz wieder aufgestanden und dann theatralisch zusammengesunken. Eine Coladose aus dem Gladbacher Fanblock hatte ihn am Kopf getroffen. Der angeblich halb bewusstlose Inter-Star hatte sich mit der Bahre vom Feld tragen lassen und war in der Kabine für spielunfähig erklärt worden.

Die Borussia musste zunächst im Rückspiel ein 2:4 in Mailand hinnehmen. Am 1. Dezember kam sie beim Wiederholungsspiel in Berlin über ein 0:0 nicht hinaus – und war damit ausgeschieden.

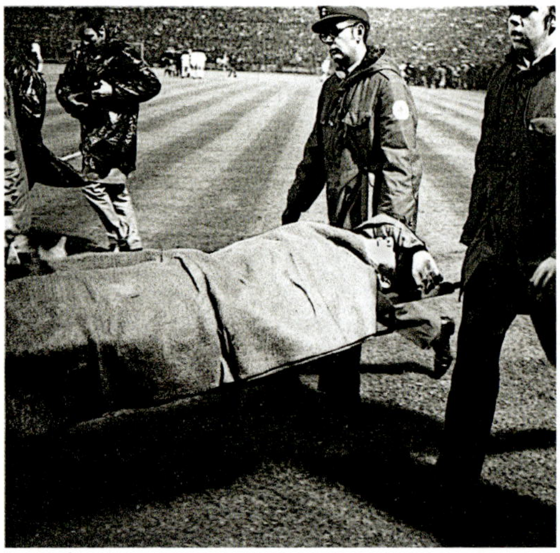

Rechts: Schauspieler Roberto Boninsegna wird „bewusstlos“ vom Platz getragen.

1973: Zweiter im UEFA-Pokal

Am 10. Mai 1973 stand die Borussia dann endlich in einem europäischen Finale – wenn auch nicht im Pokal der Landesmeister. Da sie in der Vorsaison nur Platz 3 erreicht hatte, hatte sie „nur“ im UEFA-Pokal starten dürfen, war dort aber bis ins Finale vorgedrungen. Dort gewann der FC Liverpool an der heimischen Anfield Road mit 3:0. Aber noch war ja nicht alles verloren, da das Finale in diesem Wettbewerb damals in Hin- und Rückspiel ausgetragen wurde. Tatsächlich schien noch alles drin zu sein, als Heynckes die Borussia am heimischen Bökelberg durch zwei Treffer in der 31. und 40. Minute wieder herangebracht hatte. Die Fans schrien „Ri-Ra-Ro, Netzer, Vogts und Co.“, aber ein weiterer Treffer wollte nicht mehr gelingen.

UEFA-Cup-Finale gegen Liverpool: Die Kapitäne Tommy Smith und Günter Netzer führen ihre Mannschaften zum Rückspiel in Mönchengladbach auf den Platz.

Die schönsten Weisweiler-Sprüche

„Abseits ist, wenn dat lange Arschloch zu spät abspielt.“ *(über Günter Netzer)*

„Meine nächste und schwierigste Aufgabe wird sein, dass ich Berti (Vogts) beibringe, sich in das Kombinationsspiel einzuschalten.“

„Zeige mir einen zufriedenen Zweiten, und ich zeige dir einen ewigen Verlierer.“

„Mein Herz bleibt in Gladbach.“ *(bei seinem Abgang)*

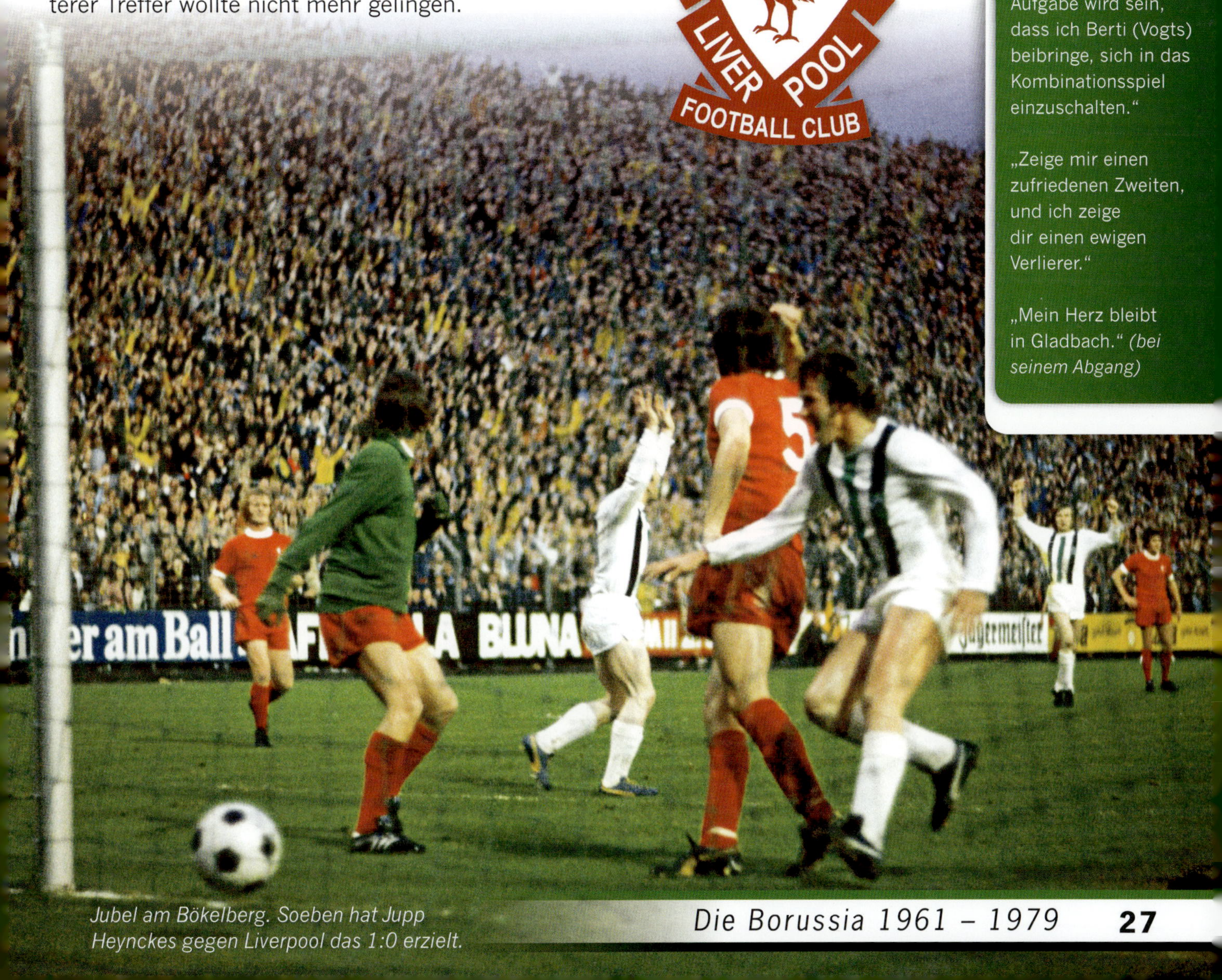

Jubel am Bökelberg. Soeben hat Jupp Heynckes gegen Liverpool das 1:0 erzielt.

1973: Netzers Coup im DFB-Pokal

Doch es gab ja noch eine weitere Titelchance. Über Schalke, Kaiserslautern und Bremen waren die Fohlen bis ins Finale des DFB-Pokals gestürmt. Dort kam es am 23. Juni 1973 vor 70.000 Zuschauern in Düsseldorf zu einem dramatischen Spiel. Schon vor dem Anpfiff hatte Günter Netzers Ankündigung, zu Real Madrid zu wechseln, für große Aufregung gesorgt. Trainer Weisweiler ließ den blonden Regisseur auf der Bank. Doch auch ohne ihren Dirigenten zeigten die Borussen beherzten Einsatz. Wimmer sorgte in der 23. Minute für die Gladbacher Führung, Köln gelang kurz vor dem Halbzeitpfiff der Ausgleich. Weitere Tore fielen bis zur 90. Minute trotz aller Chancen nicht, Heynckes hatte sogar einen Elfmeter vergeben.

DIE POKALSIEGER VON 1973

*117. Stielike, **91. Netzer

Als die Verlängerung angepfiffen wurde, hatte Netzer genug vom Zuschauen. Ohne den Trainer zu fragen, wech-

Günter Netzer „schwebt". Soeben hat er die Borussia mit seinem Treffer zum 2:1 zum Pokalsieg geschossen.

Jupp Heynckes und Günter Netzer mit dem DFB-Pokal.

Die schönsten Sprüche zum Pokalsieg
„Ich stelle ihn nicht auf – und wenn sie mich steinigen."
Hennes Weisweiler

„Ich spiel' dann jetzt."
Ankündigung Günter Netzers, bevor er sich selbst einwechselte

selte er sich für den erschöpften Kulik selbst ein. Kaum war er auf dem Platz, spielte er einen Doppelpass mit Rainer Bonhof und zog ab – der stramme Schuss landete satt im Torwinkel. 2:1 für die Borussia in der 93. Minute! Das war die Entscheidung.

1975: Der dritte Meistertitel

Nach einem 3. (1971/72) und einem 5. Platz (1972/73) war die Borussia 1973/74 – der ersten Saison nach Netzers Weggang – so torgefährlich wie noch nie. Jupp Heynckes wurde mit 30 Toren als erster Borusse überhaupt Bundesliga-Torschützenkönig. Aber auch andere Spieler trafen regelmäßig, etwa der neu verpflichtete Horst Köppel, der zwölf Treffer erzielte. Mit insgesamt 93 geschossenen Toren stellte Borussia einen Vereinsrekord auf. Zur Meisterschaft reichte es dennoch nicht ganz. Die Münchner Bayern hatten noch zwei Tore mehr erzielt und beendeten die Saison mit einem Punkt Vorsprung als Erster.

1974/75 schoss die Torfabrik der Borussia nicht ganz so viele Tore wie im Vorjahr. Doch 86 Tore, davon 27 von Jupp Heynckes und 18 bzw. 13 von den Dänen-Stürmern Allan Simonsen und Henning Jensen, bedeuteten diesmal die Meisterschaft. Am 17. Spieltag eroberten die Fohlen die Tabellenspitze der Liga und gaben sie bis zum Abpfiff der Saison am 14. Juni 1975 nicht mehr her.

Treffsicherer Däne: Henning Jensen erzielte 13 Tore in der Saison 1974/75. Hier eine Szene vom 4:1-Sieg der Borussia gegen den MSV Duisburg.

1975: Triumph im UEFA-Pokal

Der Meisterjubel fiel im Jahr 1975 noch größer aus als sonst, denn es war bereits der zweite Titel in dieser Saison. Während die Borussia im Vorjahr im Halbfinale des Pokalsieger-Wettbewerbs am AC Mailand gescheitert war, schaltete sie diesmal im Halbfinale des UEFA-Pokals, das zugleich ein Rhein-Derby war, den 1. FC Köln aus. In den Endspielen am 7. und 21. Mai triumphierte die Borussia über das niederländische Team von Twente Enschede. Einem mageren 0:0 im Hinspiel in Düsseldorf folgte ein überragender 5:1-Auswärtssieg. Die Torschützen hießen – wie könnte es auch anders sein – Heynckes (3 Tore) und Simonsen (2).

DIE UEFA-POKALSIEGER VON 1975
(Aufstellung Rückspiel)

*12. Schäfer, **78. Köppel

UEFA-Pokal-Sieger 1975: Borussia Mönchengladbach!

UEFA-Pokal-Rückspiel in Enschede: Allan Simonsen ist nicht zu halten und steuert zwei Treffer zum 5:1-Sieg der Borussen bei.

1976 und 1977: Meister-Hattrick mit Lattek

Die Freude über den ersten internationalen Titel und die dritte Meisterschaft wurde überschattet von einer schlechten Nachricht: Der seit elf Jahren in Mönchengladbach tätige Erfolgstrainer Hennes Weisweiler würde den Verein in Richtung FC Barcelona verlassen. Vom FC Bayern kam Udo Lattek als neuer Coach. Unter ihm wandelte sich das Spiel der Fohlen. Nicht mehr ungestümer Tordrang war angesagt, sondern vorsichtiges Taktieren. Die Borussia erzielte dementsprechend weniger Tore. Aber 66 Treffer in der Saison 1975/76 reichten zum vierten Titelgewinn. Die Lattek-Mannschaft hatte seit dem 12. Spieltag ununterbrochen an der Tabellenspitze gestanden.

Mit Wolfgang Kneib, der den verletzten Torwart Wolfgang Kleff zuverlässig ersetzte, erwies sich die Borussia 1976/77 erneut als bestes Team der Liga. Am letzten Spieltag fehlte zur abermaligen Titelverteidigung vor den Verfolgern Schalke und Braunschweig ein einziger Punkt. Es reichte knapp: Heynckes und Stielike legten in München gegen den alten Rivalen FC Bayern ein 2:0 vor, am Ende hieß es 2:2. Ganze 58 Tore hatten genügt, um den dritten Meistertitel in Folge und den fünften insgesamt sicherzustellen. Die Borussia war erfolgreich geblieben – aber sie hatte an Faszination verloren.

Erfolgreicher Manager
Der als dauernder Pfeifen-Paffer bekannte Helmut Grashoff war der erste moderne Manager in der Bundesliga. Von 1962 bis 1991 kümmerte er sich erfolgreich um die Profiabteilung der Borussia. Er kaufte gute Spieler billig ein, Schulden wurden unter ihm nicht gemacht. Sein erster großer Coup war 1962 der Verkauf von Albert Brülls für die damalige Rekordsumme von 250.000 DM nach Italien an den AS Modena. Er erhielt die Ablöse bar in einem Koffer – und hatte auf der Nachhausefahrt Angst, von der Polizei als mutmaßlicher Bankräuber festgenommen zu werden.

Berti Vogts präsentiert die vierte Meisterschale für die Borussia.

Udo Lattek bejubelt im Münchner Olympiastadion den Meistertitel von 1977.

Verpfiffen im Viertelfinal-Rückspiel des Landesmeister-Pokals 1975/76: Hier erkennt der Schiedsrichter ein Tor der Borussia wegen angeblichen Handspiels nicht an. Die Gladbacher können es nicht glauben.

Eintrittskarte zum Europapokalfinale 1977.

1976: Verpfiffen in Madrid

Im Viertelfinale des Europapokals der Landesmeister traf die Borussia im März 1976 auf den Netzer-Klub Real Madrid. Nach einem 2:2 im Hinspiel waren die Chancen gering, doch dann spielte die Borussia vor 120.000 Zuschauern im Bernabéu-Stadion großartig auf. Sie scheiterte schließlich nicht am Gegner, sondern am niederländischen Schiedsrichter Leonardus van der Kroft. Beim Spielstand von 1:1 erkannte er zwei Treffer der Borussia nicht an: Das eine Mal wollte er eine Abseitsstellung gesehen haben, das andere Mal ein Handspiel. So kamen am Ende die „Königlichen" aufgrund der mehr geschossenen Auswärtstore weiter.

Die Borussia im Weltpokal
Als Stellvertreter Liverpools, das auf die Teilnahme verzichtete, durfte die Borussia 1977/78 im Weltpokal-Finale gegen das beste Team aus Südamerika antreten. Das war der Club Boca Juniors aus Argentinien. Einem 2:2-Unentschieden in Buenos Aires folgte die Enttäuschung: Am 1. August 1978 ging das in Karlsruhe ausgetragene Rückspiel deutlich mit 0:3 verloren.

1977 und 1978: Liverpool – Angstgegner im Europapokal

Am 25. Mai 1977 stand die Borussia in Rom erstmals im Endspiel des Europapokals der Landesmeister. Im Halbfinale hatte sie mit Dynamo Kiew einen starken Gegner knapp bezwungen (0:1, 2:0). Nun ging es gegen den FC Liverpool – also gegen jenen Verein, gegen den man 1973 in den UEFA-Pokal-Endspielen den Kürzeren gezogen hatte. Auch dieses Mal fand die Borussia in den Engländern ihren Meister. Zwar konnte Simonsen die Führung der Engländer noch ausgleichen, doch am Ende musste sie sich mit 1:3 geschlagen geben.

In der darauffolgenden Saison musste die Borussia im Europapokal der Landesmeister erneut gegen Liverpool antreten. Diesmal traf man bereits im Halbfinale aufeinander, und zunächst sah es gut aus. Rainer Bonhof stellte in der 89. Minute des Hinspiels mit einem sagenhaften Hammer-Schuss aus 25 Metern einen 2:1-Sieg sicher. Doch im Rückspiel am 12. April 1978

DIE UEFA-POKALSIEGER VON 1979
(Aufstellung Rückspiel)

*59. Köppel

folgte ein ernüchterndes 0:3 in Liverpool. Gegen die „Reds“ wollte den Fohlen einfach kein Erfolg gelingen.

1978: Fast die sechste Meisterschaft

In der Saison 1977/78 verpasste der VfL seinen vierten Meistertitel hintereinander nur knapp. Am 26. Spieltag hatten es die Gladbacher selbst in der Hand, als sie als Zweitplatzierter beim Tabellenführer 1. FC Köln antraten. Simonsen brachte die Fohlen in der 38. Minute mit 1:0 in Führung, doch kurz vor Schluss gelang Köln der Ausgleich. Am Ende waren Vogts & Co. punktgleich mit dem rheinischen Rivalen und mussten sich nur aufgrund der schlechteren Tordifferenz geschlagen geben. Selbst ein überragendes 12:0 gegen Borussia Dortmund am letzten Spieltag war nicht genug. Die Kölner gewannen ihr letztes Spiel beim FC St. Pauli mit 5:0 und hatten damit um drei Tore die Nase vorne.

1979: Zweiter Titel im UEFA-Pokal

Ohne die langjährigen Stammspieler Heynckes, Bonhof, Wimmer und Wittkamp startete der VfL in die Saison 1978/79. Trainer Lattek gelang es nicht, gleichwertigen Ersatz zu finden. So landete die Borussia nur auf Rang 10, mit einem negativen Punkt- und Torverhältnis (32:36, 50:53). Weil sie ihre Kräfte im Bundesliga-Alltag derart schonte, konnte sie sich im UEFA-Pokal über Sturm Graz, Benfica Lissabon, Slask Breslau, Manchester City und den MSV Duisburg bis ins Finale vorkämpfen. Das erste Endspiel gegen Roter Stern in Belgrad endete mit 1:1. Im Rückspiel am 23. Mai 1979 in Düsseldorf genügte ein von Simonsen verwandelter Foulelfmeter in der 17. Minute, um zum zweiten Mal die Trophäe zu erobern.

Links: Enttäuschung: Berti Vogts und Ersatztorwart Wolfgang Kleff nach der 1:3-Finalniederlage 1977 gegen den FC Liverpool.

Mitte: 12:0 gegen Borussia Dortmund! Hier trifft Jupp Heynckes zum 5:0.

Rechts: 23. Mai 1979: Die Borussia hat zum zweiten Mal den UEFA-Pokal gewonnen.

Die schönsten Sprüche

„Sepp Maier hat seinen Hund erschossen. Immer wenn er ihn gefragt hat, wer der beste Torwart in Deutschland sei, hat er gesagt: ‚Kleff, kleff!'“
Wolfgang Kleff

„Berti Vogts hatte vor jedem Spiel gegen mich Dünnschiss.“
Willi „Ente“ Lippens (Dribbelkönig von Rot-Weiss Essen)

DIE BESTEN BORUSSEN
FOHLENALBUM (1)

DEFENSIVE

WOLFGANG KLEFF war mehr als sieben Jahre lang die Nummer 1 im Tor der Borussia. Zu einem Liebling der Fans wurde er nicht nur wegen seiner tollen Reaktionen, sondern auch wegen seiner Späße. Wenn er zusammen mit dem ostfriesischen Komiker Otto Waalkes auftrat, wirkten die beiden beinahe wie Zwillinge. Kein Wunder, dass die Fans dem Torwart den Spitzamen „Otto“ verpassten. Der lange **WOLFGANG KNEIB** (1,92 Meter groß), eigentlich nur als Ersatzmann geholt, verdrängte 1976/77 den zu Saisonbeginn verletzten Kleff. Er hielt tadellos und holte mit der Borussia die Meisterschaft. Anschließend lieferte er sich mit Kleff ein Duell um den Platz im Tor. Für zwei Spielzeiten war er Stammkeeper und gewann mit der Borussia 1979 den UEFA-Cup.

Wolfgang Kleff: elf Jahre lang ein sicherer Rückhalt im Tor der Borussia.

Selten war ein Spitzname treffender: Der „Terrier“ wurde Gladbachs Verteidiger **BERTI VOGTS** genannt, der 96-mal das Trikot der Nationelelf trug. 419 Spiele bestritt der kleine bissige Kämpfer für die Borussia, von Anfang bis Ende seiner Karriere blieb er ihr treu. Bei allen Bundesliga-Stürmern war der „Terrier“ als hartnäckiger Verfolger gefürchtet. Allein beim Essener Willi Lippens war es umgekehrt, denn gegen den sah Vogts kaum einmal gut aus. An allen Titelgewinnen der Borussia in den goldenen 1970er Jahren war der beim VfR Büttgen großgewordene Fleißarbeiter maßgeblich beteiligt. Außerdem ist er der Rekordnationalspieler der Borussia, wurde Europa- und Weltmeister und zweimal zum „Fußballer des Jahres“ gewählt. Später war Vogts dann auch als Bundestrainer erfolgreich. 1996 gewann die von ihm trainierte deutsche Nationalmannschaft in England den EM-Titel.

Als der eisenharte Vorstopper **LUDWIG „LUGGI“ MÜLLER** und der stämmige Libero **KLAUS-DIETER SIELOFF** die bis dahin oft löchrige Abwehr der Borussia dicht machten, stellte sich gleich der Erfolg ein: In der ersten Saison mit Müller und Sieloff gewann die Weisweiler-Elf 1970 sogleich ihre erste Deutsche Meisterschaft. Müllers Karriereende war bitter: Ausgerechnet Roberto Boninsegna, das „Büchenwurf-Opfer“ beim annullierten 7:1 der Borussia gegen Inter Mailand im Jahr 1971, brach ihm beim Wiederholungsspiel in Berlin (0:0) das Schien- und Wadenbein. Die

Berti Vogts wird „Fußballer des Jahres“! Der Kicker berichtet.

Verletzung war so schwer, dass Müller seine Karriere beenden musste. **HANS-JÜRGEN WITTKAMP** beerbte Sieloff als Libero. Der Mann mit dem schütteren Haar ging im Wechsel mit Netzer, der sich dann zurückfallen ließ, gern auch mal noch vorne. Im gegnerischen Strafraum sorgte er vor allem per platziertem Kopfstoß für manchen Treffer. **FRANK SCHÄFFER** schirmte bis in die 1980er Jahre hinein im Abwehrzentrum zuverlässig die gegnerischen Mittelstürmer ab. **HANS KLINKHAMMER** gehörte als Außenverteidiger lange Zeit zur Stammformation der Borussia. Der letzte herausragende Libero, der 1975 als offensiver Mittelfeldspieler sein Debüt gab, war **WILFRIED HANNES**. Obwohl er wegen eines Tumors ein Auge verloren hatte und dadurch gehandicapt war, bestach er stets mit Übersicht und präzisem Kopfballspiel. Der langjährige Abwehrchef war auch im gegnerischen Strafraum klasse: 1981/82 brachte er es auf 16 Saisontore.

Als 17-Jähriger kam **RAINER BONHOF** von SuS Emmerich nach Mönchengladbach. Damals war er noch Stürmer, doch Hennes Weisweiler schulte den kraftstrotzenden Vollblutfußballer zum Defensivspezialisten um. Mit seiner Kampfkraft, seinem Spielwitz, seiner Schnelligkeit und seiner Schussstärke war er eine der Stützen der Borussia in der Zeit nach dem Weggang Günter Netzers.

Der „Terrier" mal ganz entspannt: Berti Vogts in einer Hängematte.

DIE BESTEN BORUSSEN
FOHLENALBUM (2)

Die schönsten Sprüche von Günter Netzer

Über seine größte Schwäche:
„Kopfball war für mich immer so etwas Ähnliches wie Handspiel."

Über seine kesse Lippe:
„Man wusste bei mir immer, wo ich dran war."

Über seinen Trainingsfleiß:
„Ich persönlich habe mir bei jedem Trainingslager überlegt, ob ich aufhöre, Fußball zu spielen."

Über die großen Rivalen aus München:
„Ende der 1960er, Anfang der 1970er Jahre waren wir Mönchengladbacher in der Bundesliga das Real Madrid. Die Bayern waren wie immer die Bayern."

MITTELFELD

Für das berauschende Spiel der Fohlen-Elf der 1970er Jahre steht vor allem ein Name: **GÜNTER NETZER**. Seine millimetergenauen, oft über 40 Meter weit geschlagenen Pässe begeisterten Publikum und Kritiker. „Rebell am Ball", „blonder Engel" und „Fußballgott" wurde der Mann mit dem wehenden blonden Haar genannt. Seinen riesigen Füßen (Schuhgröße 46 2/3) wurden, vor allem bei Freistößen, wahre Wunderdinge angedichtet. Günter Netzer sorgte aber auch außerhalb des Platzes für Schlagzeilen: mit seinem lässigen Stil, mit seinen Sportwagen (erst Porsche, dann Jaguar, schließlich Ferrari) oder als Betreiber einer Diskothek. Als erster Bundesliga-Profi wechselte er 1973 für eine Millionenablöse ins Ausland. Auch mit Real Madrid gewann er Titel, nur in der Nationalelf war der zweifache „Fußballer des Jahres", der nie besonders lauffreudig war, nicht ganz so erfolgreich. Sein Können zeigte er aber auch an der ZDF-Torwand: Netzer war der Erste, dem fünf Treffer gelangen – was bis heute niemand überboten hat. Nach dem Ende seiner Karriere hatte Netzer auch als Manager beim Hamburger SV und als Kommentator im Fernsehen Erfolg.

HERBERT „HACKI" WIMMER war der Dauerläufer im Team der Fohlen und ließ seine Gegner immer nur die „Hacken" sehen. Als zuverlässiger Mannschaftsspieler war er nahezu un-

Borussen-Spieler posen vor Porsche. Von links: Werner Waddey, Klaus Ackermann, Günter Netzer, Herbert Wimmer, Herbert Laumen. Dahinter: Netzers „911er".

ersetzlich, trotzdem stand er immer im Schatten des Regisseurs Günter Netzer. Ohne ihn wäre Netzer jedoch nie ein Superstar geworden. Die Borussia-Fans haben das immer gewusst und wählten ihn in die Jahrhundertelf des Vereins.

ULI STIELIKE spielte ab 1973 für vier Jahre bei der Borussia. Seine Aufgabe war es, Günter Netzer zu ersetzen. Der ausgezeichnete Techniker glänzte nie so wie der große Blonde. Aber als Mittelfeldregisseur wie auch als Libero war er in Mönchengladbach ein Garant für viele Titel. Auch in der Nationalmannschaft war er über Jahre Stammspieler. 1977 wechselte er nach Madrid. Er blieb acht Jahre bei Real und sammelte dort viele weitere Titel. Als „Mister Europacup" ging **CHRISTIAN KULIK** in die Geschichte der Borussia ein. Auf 66 Einsätze im Europapokal brachte er es – und damit auf so viele wie kein anderer. Trotz seiner feinen Technik spielte er selten die große Hauptrolle, weil ihn immer wieder Verletzungen zurückwarfen. Ähnlich wie Kulik ging es dem schlaksigen Mittelfeldmann **DIETMAR DANNER:** ein hochbegabter Klassespieler, der sein Können immer wieder zeigte, aber wegen schwerer Verletzungen nie den ganz großen Durchbruch schaffte. **HORST WOHLERS** war Ende der 1970er Jahre ebenfalls ein spielstarker Typ im defensiven Mittelfeld. Solange Günter Netzer in Mönchengladbach wirkte, war der rotblonde Mittelfeldspieler **WINFRIED SCHÄFER** meist nur Einwechselspieler. Daher verließ er den Verein und kam erst 1977 wieder zurück. Zwei Jahre später war er einer der Anführer beim Gewinn des UEFA-Cups.

Halbzeitpause beendet: „Hacki" Wimmer und Uli Stielike führen das Team wieder ins Hamburger Volksparkstadion.

Toupet
Horst Köppel war nur sehr spärlich mit Kopfhaaren ausgestattet. Also ließ er sich von einer Firma zum Tragen eines Kunsthaar-Toupets überreden – gegen gute Bezahlung selbstverständlich. In seinem ersten „Toupet-Spiel" versuchte der Bayern-Torwart Sepp Maier vergeblich, ihm das angeklebte Haar vom Kopf zu reißen. Köppel selbst jammerte immer wieder darüber, wie viel Arbeit ihm die Pflege der künstlichen Pracht bereite und wie sehr er darunter schwitze. Nach vier Jahren hatte er schließlich genug und lief wieder im Glatzen-Look auf.

DIE BESTEN BORUSSEN FOHLENALBUM (3)

VORHER **NACHHER**

Horst Köppel ohne Toupet … und mit!

OFFENSIVE

Die größte Stürmerlegende der Borussia ist heute auch als Trainer bekannt: **JOSEF „JUPP" HEYNCKES**. Mit 195 Treffern führt der zweifache Torschützenkönig (1974 und 1975) bis heute die Liste der Bundesliga-Torjäger der Borussia mit großem Vorsprung an. Außerdem ist er der drittbeste Bundesliga-Stürmer überhaupt. Auch im Europapokal war der Torjäger mit der perfekten Ballbehandlung brandgefährlich und erzielte 51 Treffer in 64 Spielen. Allein der legendäre Bayern-Spieler Gerd Müller hatte eine noch bessere Quote. Der famose Goalgetter der Borussia war auch in seiner zweiten Karriere als Trainer sehr erfolgreich: Mit Mönchengladbach kam er ins Finale des DFB- und UEFA-Pokals, mit den Bayern gewann er deutsche Meistertitel und mit Real Madrid die Champions League.

ULRIK LE FÈVRE war 1969 der erste Däne bei der Borussia. Der Linksaußen mit dem starken rechten Fuß schoss viele entscheidende Tore, bis er 1972 zum FC Brügge nach Belgien abwanderte. Der Däne **HENNING JENSEN** überzeugte zwischen 1972 und 1976 mit tollen Kopfbällen und harten Schüssen. Manche hielten ihn sogar für den besten Stürmer seiner Zeit überhaupt. Da war klar, dass Real Madrid ihn haben wollte. Und so wurde Jensen der zweite Borusse nach Netzer, der sich das Trikot der „Königlichen" überzog. Der berühmteste Däne im Trikot der Borussia war jedoch zweifellos der ebenfalls 1972 gekommene **ALLAN SIMONSEN**. Der schmächtige, nur 1,65 Meter große Flügelflitzer war nach Jupp Heynckes sicher der beste und auch populärste aller Borussia-Stürmer. Zunächst überzeugte er nicht so sehr, aber dann schlug er ein wie eine Bombe. Noch besser als in der Bundesliga (76 Tore in 178 Spielen) war er im Europapokal, wo er 33 Tore in 48 Spielen erzielte. 1977 wurde der leichtfüßige Wirbelwind zu „Europas Fußballer des Jahres" gewählt. Nach dem Gewinn des UEFA-Pokals 1979, zu dem er den entscheidenden Treffer beisteuerte, wechselte der Liebling der Borussia-Fans für eine Ablöse von 1,3 Mio. DM nach Spanien zum FC Barcelona.

Dänen-Power bei der Borussia: Henning Jensen und Allan Simonsen.

Aus der eigenen Jugend, die 1962 Westdeutscher Meister geworden war, kam **HERBERT LAUMEN**. Mit 97 Treffern ist er bis heute nach Jupp Heynckes der zweitbeste Bundesliga-Torschütze der Borussia. Richtig berühmt wurde er jedoch nicht durch einen Treffer, sondern dadurch, dass er 1971 bei einem Kopfball-Versuch einen Torpfosten zum Einsturz brachte. **BERND RUPP** war der treffsicherste Schütze der Borussia im Aufstiegsjahr 1964/65 (25 Tore in der Regionalliga West). Zu Meisterehren kam er jedoch nicht, da er Mönchengladbach in Richtung Bremen verließ. Erst nach seiner Rückkehr holte er mit der Borussia einen Titel: den DFB-Pokal 1973. Der flinke Schwabe **HORST KÖPPEL** startete seine Karriere in Stuttgart, um dann 1968 vom VfB zum VfL nach Mönchengladbach zu wechseln. Das „Horschtle" gewann zwei Deutsche Meisterschaften und holte dann nach einem Zwischenstopp in Stuttgart noch drei weitere Meistertitel mit der Borussia. Später war der Dribbler auch als Trainer am Bökelberg tätig. Tragisch verlief die Karriere von **KARL DEL'HAYE**, der körperlich wie ein Simonsen-Doppelgänger wirkte. Dreimal errang der Blondschopf mit den schnellen Beinen im Trikot der Borussia den Meistertitel. Dann wechselte er für die damalige Rekordsumme von 1,3 Mio. DM zu den Bayern nach München und wurde dort auf der Ersatzbank fast vergessen.

Der Rekord-Torschütze der Borussia: Jupp Heynckes im Spiel gegen seinen späteren Arbeitgeber Bayern München.

ZWISCHEN FRUST UND JUBEL

Die Borussia 1980 – 2008

DFB-Pokalsieger 1995

*Dribbelstarker Jungprofi:
Lothar Matthäus im UEFA-Pokal-Finalrückspiel 1980 in Frankfurt.*

1980: Deutsches Finale im UEFA-Pokal

Nach dem Weggang von Lattek ernannte die Borussia im Sommer 1979 Jupp Heynckes zum Cheftrainer. Der ehemalige Torjäger war zuvor bereits als Co-Trainer tätig gewesen. Der Neue durfte mit dem Torjäger Harald Nickel und dem Mittelfeldtalent Lothar Matthäus zwei wichtige Neuverpflichtungen begrüßen. In der Liga reichte es dennoch nur zu einem 7. Platz. Aber im UEFA-Pokal, den dieses Mal die Bundesliga unter sich ausmachte, marschierten die aufgefrischten Fohlen voran. Im Halbfinale blieben sie gegen den VfB Stuttgart erfolgreich (1:2 und 2:0), doch in den Finalspielen scheiterten sie an Eintracht Frankfurt. Einem 3:2-Heimsieg folgte ein 0:1 in Frankfurt: Weil sie mehr Auswärtstore erzielt hatten, ging der Titel an die Hessen.

Der „Judas" Matthäus

Weil die Borussia im November 1984 nach einer UEFA-Pokal-partie im polnischen Lodz tagelang wegen Nebels festhing, wurde das samstägliche Spiel gegen München auf einen Wochentag verlegt. Erstmals entschied sich die ARD dazu, ein Bundesliga-Spiel live zu übertragen. Die Fernsehzuschauer sahen einen 3:2-Sieg der Borussia – und hörten, wie der Neu-Bayer Lothar Matthäus auf dem Bökelberg als „Judas" beschimpft wurde. Die Fans hatten ihm sein Elfmeter-Versagen im Pokalfinale nicht verziehen.

1984: Pech im DFB-Pokalfinale

In den folgenden Jahren rutschte die erfolgsverwöhnte Borussia ins Bundesliga-Mittelfeld ab. Nur 1983/84 vermochte eine mit Könnern wie Frank Mill, Uwe Rahn, Ewald Lienen, Hans-Günter Bruns, Wilfried Hannes, Jörg Criens, Michael Frontzeck und natürlich Lothar Matthäus bestückte Borussia bis zum Schluss um den Titel mitzuspielen. Am Ende war sie punktgleich mit dem VfB Stuttgart und dem Hamburger SV. Leider reichte es wegen des schlechteren Torverhältnisses nur zum 3. Platz.

Sensation im Achtelfinale des UEFA-Cups 1985/86: Borussia besiegt Real Madrid mit 5:1.

Doch es gab noch eine zweite Titelchance: im Finale des DFB-Pokals. Gegner war kein Geringerer als der FC Bayern. Es war ein spannendes Spiel, in der die Münchner die von Frank Mill erzielte Führung kurz vor Schluss noch ausgleichen konnten. Nach einer torlosen Verlängerung kam es zum Elfmeterschießen. Ausgerechnet Lothar Matthäus, der für die Rekordablöse von 2,3 Mio. DM nach München wechseln würde, verschoss den ersten Elfmeter. Hoffnung keimte auf, als VfL-Keeper Sude den Elfer des Münchners Augenthaler parierte. Schließlich verlor die Borussia das Duell aber durch einen weiteren Fehlschuss, diesmal von Norbert Ringels, mit 6:7.

1987: Das Ende der Ära Heynckes

1984/85 musste sich die Borussia mit dem 4. Platz in der Bundesliga begnügen. Im DFB-Pokal kam sie bis ins Halbfinale und verlor dort erneut gegen Bayern München (0:1). 1985/86 landete das Heynckes-Team in der Bundesliga abermals auf Platz 4. Ein Höhepunkt dieser Saison war das Spiel gegen Real Madrid im Achtelfinale des UEFA-Pokals. Mit 5:1 gewann die Borussia ihr „Heimspiel“ vor 65.000 Zuschauern im Düsseldorfer Rheinstadion. Es reichte trotzdem nicht. Im Rückspiel siegte Real mit 4:0. Das hieß: Die „Königlichen“ kamen wegen ihres Auswärtstreffers in Düsseldorf eine Runde weiter.

1986/87 gelang nach langem Anlauf der Sprung auf Platz 3 der Tabelle. Für den Titel kam die Borussia bei zehn Punkten Abstand auf Meister München aber nie in Frage. Immerhin stellte sie mit Uwe Rahn, der 24 Treffer erzielte, mal wieder den besten Torschützen und zudem den „Fußballer des Jahres“. In den Pokalwettbewerben kam das Aus erneut in den Halbfinals. Jupp Heynckes holte somit auch in seinem achten Jahr als Trainer in Mönchengladbach keinen Titel. Nach Abschluss der Spielzeit wechselte der glücklose Trainer zum einstigen großen Rivalen: zu den Bayern nach München.

„Osram“ Heynckes
Der eigenwillige Wolfram Wuttke, der von 1980 bis 1982 halbwegs erfolgreich für die Borussia stürmte, amüsierte sich köstlich, wenn sich Trainer Heynckes über die mangelhaften Leistungen seiner Spieler erregte: Dann begann dessen Gesicht nämlich stets rot zu leuchten. Bald hatte Heynckes seinen Spitznamen weg: „Osram“ – nach der gleichnamigen Lampenfirma.

Oben links: Lothar Matthäus nach seinem verschossenen Elfmeter. Uli Borowka tröstet ihn.

Jupp Heynckes zeigt es an: Acht Jahre lang war er Trainer bei der Borussia.

1989: Die erste Trainerentlassung

Mit dem ehemaligen Heynckes-Assistenten Wolf Werner startete die Borussia in die Saison 1987/88. Abgesehen vom Debüt des jungen Stefan Effenberg verlief sie wenig bemerkenswert. In der folgenden Spielzeit dümpelte eine spielerisch matte Borussia erneut nur im Mittelfeld herum. Immer lauter wurde gemunkelt, dass die Profis dem Trainer auf der Nase herumtanzen würden. Als erschreckend schwache Gladbacher dann 1989/90 sieben Spiele in Folge verloren und erstmals in der Vereinsgeschichte auf den letzten Tabellenplatz abrutschten, folgte die logische Konsequenz. Am 21. November 1989 wurde Wolf Werner entlassen und durch seinen Assistenten Gerd vom Bruch ersetzt. Es war das erste vorzeitige Ende eines Trainers in Mönchengladbach. Fortan sollten die Trainer in Mönchengladbach beinahe jährlich wechseln.

Der „Tiger" Effenberg
Im Jahr 1994 ließ sich Stefan Effenberg nach einer verlorenen Wette in der Sendung *Wetten, dass..?* einen Tigerkopf in sein Haar einarbeiten. Als er erstmals mit der neuen Frisur auflief, gewann die Borussia gegen den VfL Bochum mit 7:1. Der „Tiger" Effenberg hatte ein überragendes Spiel gezeigt – und sollte auch in den folgenden Spielen mit Top-Leistungen überzeugen. Seine Kapitänsbinde mit dem aufgedruckten Tigerkopf wurde in den Fanshops über 30.000-mal verkauft.

Schicke Frisur: Nach einer verlorenen Wette bei Wetten, dass..? *ließ sich Stefan Effenberg einen Tigerkopf schneiden.*

1992: Uwe Kamps – Elfmeter-Killer im DFB-Pokal

Nachdem die Borussia 1990 als 15. der Tabelle gerade so dem Abstieg entkommen war, ging es wieder etwas aufwärts. In höhere Tabellenregionen konnte der VfL aber weder 1990/91 noch 1991/92 – nun unter dem Trainer Jürgen Gelsdorf – vordringen. Immerhin gelang eine gute Pokalsaison. Wieder einmal schaffte es die Borussia bis ins Halbfinale des DFB-Pokals. Gegen Bayer Leverkusen hieß es nach der Verlängerung 2:2. Sollten die Gladbacher erneut im Elfmeterschießen scheitern? Tatsächlich trafen nur zwei Borussen ins Tor des Gegners. Das war wenig, genügte aber: Denn der Teufelskerl im Borussia-Tor, Uwe Kamps, parierte gleich vier Elfmeter und stellte damit den Sieg sicher. Leider währte das Elfmeterglück nicht lange. Im Finale gegen den damaligen Zweitligisten Hannover 96, das bis zum Ende der Verlängerung torlos blieb, kam es erneut zum Elfmeterschießen. Diesmal hielt Kamps nur einen Elfer, Hannovers Sievers jedoch zwei – und die Borussia hatte das Finale verloren.

Pokalheld: Nach seinen vier gehaltenen Elfmetern im Pokalhalbfinale gegen Leverkusen stand Torhüter Uwe Kamps im Mittelpunkt des Interesses.

DIE POKALSIEGER VON 1995

*65. Fach, **88. Stadler

1995: Zum dritten Mal Pokalsieger

Nicht nur das Scheitern im Pokalfinale hatte gezeigt, dass die einstige Torfabrik aus Mönchengladbach das Toreschießen verlernt hatte. Nach nur 26 Treffern in 26 Bundesliga-Spielen unter Jürgen Gelsdorf wurde der Trainer am 6. November 1992 entlassen. Mit dem Ex-Spieler Bernd Krauss wurde wieder der Co-Trainer zum Nachfolger ernannt. Er erwies sich als Glücksgriff. Der VfL spielte nun modern: mit Viererkette in der Abwehr und zielstrebig kombinierend in der Offensive. Für mehr als einen gesicherten Platz im Mittelfeld reichte es aber zunächst nicht.

Erst 1994/95 meldete sich die Borussia wieder an der Bundesliga-Spitze zurück. Mit Klassespielern wie Heiko Herrlich, Patrik Andersson, Martin Dahlin und Stefan Effenberg, der nach einem Intermezzo in München und Florenz wieder an den Bökelberg zurückgekehrt war, sprang ein respektabler 5. Rang heraus. Und am 24. Juni 1995 holte die Borussia – nach 16 langen Jahren – endlich mal wieder einen Titel! Greifswalder SC, Kickers Offenbach, Mainz 05, Schalke 04 und 1. FC Kaiserslautern hießen die Stationen auf dem Weg ins Finale des DFB-Pokals. Vor 75.000 Zuschauern gelang im Berliner Olympiastadion durch Tore von Dahlin, Effenberg und Herrlich ein nie gefährdetes 3:0 gegen den VfL Wolfsburg.

DFB-Pokalsieger 1995: Borussia Mönchengladbach!

Elfer-Pleiten im Pokal
Im Elfmeterschießen hatte die Borussia nicht nur 1991/92 kein Glück, als sie das Pokal-Finale gegen den damaligen Zweitligisten Hannover 96 mit 3:4 verlor. 1997/98 verlor sie in der 1. Runde erneut gegen Hannover 96 mit 3:5, 1999/2000 flog sie gegen den Drittligisten SC Verl ebenfalls in der 1. Runde mit 5:6 raus. Und schließlich folgte im Halbfinale 2000/01 gegen den den Drittligisten Union Berlin ein 2:4.

Null Torgefahr
Max Eberl, der spätere Manager des VfL, bestritt als fleißiger Verteidiger zwischen 1999 und 2004 146 Pflichtspiele für die Borussia. Ein Torerfolg war ihm nicht vergönnt. Selbst als er einmal einen Elfmeter schießen durfte, setzte er den Ball an den Pfosten. Sein Kommentar: „Null Tore sind interessanter als eins."

1998: Knapp dem Abstieg entronnen

Ab der Saison 1995/96 bekam man für einen Sieg drei statt wie bisher zwei Punkte. Die Borussia, die ohne den Top-Torjäger Heiko Herrlich in die Saison gehen musste, profitierte von der neuen Zählweise. Sie rangierte am Ende mit 53 Punkten auf Rang 4, drei Punkte vor dem Hamburger SV. Nach alter Rechnung wäre der HSV punktgleich mit der Borussia gewesen und wegen des besseren Torverhältnisses auf Rang 4 gelandet.

In der Hinrunde der darauffolgenden Spielzeit ging es jedoch bergab. Zwar hatte die Saison mit zwei 3:2-Siegen gegen Arsenal London im UEFA-Pokal erfreulich begonnen. Doch dem Aus im UEFA-Pokal gegen AS Monaco folgte der Absturz in der Bundesliga. Zur Winterpause, als die Borussia auf dem 17. Tabellenplatz stand, wurde Trainer Krauss entlassen. Am Ende der Saison reichte es unter Krauss-Nachfolger Hannes Bongartz noch zu einem 11. Platz. In der Spielzeit 1997/98 drehte sich das Trainer-Karussell weiter: Auf Bongartz folgte Norbert Meier, der wiederum durch Friedel Rausch ersetzt wurde. Erst am 34. Spieltag konnte sich die Borussia durch einen 2:0-Auswärtssieg beim VfL Wolfsburg knapp vor dem Abstieg retten.

1999: Die Borussia muss in die 2. Liga

In der Saison 1998/99 siegte die Borussia am ersten Spieltag mit 3:0 gegen den FC Schalke 04 und eroberte damit die Tabellenspitze. Es folgte aber kein Höhenflug, sondern der freie Fall. Nach einer Serie von Pleiten fand sich die Borussia bereits am 9. Spieltag am Tabellenende. Von dort kam sie bis zum Ende der Saison – also 25 Spieltage lang – nicht mehr weg. Nach 21 Niederlagen, darunter fürchterliche Klatschen gegen Leverkusen (2:8) und Bochum (1:7), stieg die zuletzt von Altstar Rainer Bonhof trainierte Borussia mit nur 21 Punkten und 79 Gegento-

Am Boden: Michael Frontzeck und die Borussia, die zum Ende der Saison 1998/99 in die 2. Liga abstieg.

7. September 1999: Hans Meyer gibt bei seinem ersten Training Anweisungen.

ren in die 2. Liga ab. Wie es nun besser werden sollte, wusste niemand. Nachdem im Vorjahr bereits Leistungsträger wie Stefan Effenberg und Thomas Kastenmaier gegangen waren, verließen nun auch Klasseleute wie der Verteidiger Patrik Andersson und das Mittelfeld-Talent Sebastian Deisler den VfL.

2001: Wiederaufstieg mit „Retter“ Meyer

Trotz schlechter Hinrunde erreichte die inzwischen von Hans Meyer trainierte Borussia in ihrer ersten Zweitligasaison einen 5. Platz. Damit hatte sie den Aufstieg um ganze vier Punkte verpasst. In der Saison 2000/01 brachte Meyer, der mit lustigen Sprüchen immer wieder für Lacher sorgte, die Mannschaft dann richtig in Schwung. Platz 2 in der 2. Liga hieß: Die Borussia ist wieder erstklassig! Mehr als die Hälfte der 62 VfL-Tore hatten die Stürmer Arie van Lent, Peter van Houdt sowie das Mittelfeld-As Igor Demo erzielt. Und im Pokal, in dem man in den letzten Jahren oft früh ausgeschieden war, wäre beinahe eine Überraschung gelungen – wenn man im Halbfinale das Elfmeterschießen gegen den Drittligisten Union Berlin gewonnen hätte.

Platzsturm: Nachdem die Borussia durch ein 1:0 in Fürth den Aufstieg klargemacht hatte, gab es für die Fans kein Halten mehr.

Rekordtransfer
Die Saison 2006/07 begann mit einem Paukenschlag: Für die bis heute gültige Vereins-Rekordsumme von 4,5 Mio. Euro verpflichtete die Borussia den argentinischen Mittelfeldspieler Federico Insúa. Er konnte die hohen Erwartungen jedoch nicht erfüllen und den Abstieg nicht verhindern. Im Sommer 2007 wurde er für 4,2 Mio. Euro an den mexikanischen Verein CF América verkauft.

2004: Eröffnung des Borussia-Parks

Nach dem Aufstieg spielte die Borussia drei Jahre lang stabil im Mittelfeld. Im Pokal verpasste sie 2003/04 eine große Chance, als sie im Halbfinale mit 0:1 gegen den Zweitligisten Alemannia Aachen ausschied. Wäre sie ins Endspiel gelangt, hätte sie auf jeden Fall im UEFA-Pokal antreten dürfen, denn der Finalgegner Werder Bremen hatte sich als Meister bereits für die Champions League qualifiziert. Zu feiern gab es trotzdem etwas. Das letzte Saisonheimspiel war zugleich das letzte im Bökelbergstadion. Am 30. Juli 2004 wurde das neue Stadion, der „Borussia Park“, feierlich eröffnet.

2007: Viele Trainer und erneuter Abstieg

Nach dem Rücktritt von Hans Meyer im März 2003 kam das Trainerkarussell in Mönchengladbach wieder in Schwung. Zunächst versuchten sich mit Ewald Lienen (6 Monate) und Holger Fach (13 Monate) zwei ehemalige VfL-Spieler, dann probierte man es mit dem Niederländer Dick Advocaat (7 Monate), schließlich mit den Alt-Borussen Horst Köppel (13 Monate) und Jupp Heynckes (6 Monate). Köppel hatte die Borussia von den Abstiegsplätzen ins gesicherte Mittelfeld geführt. Vor der Entlassung hatte ihn das aber nicht gerettet.

Unter Jupp Heynckes begann die Spielzeit 2006/07 mit vier Heimsiegen und vier Auswärtsniederlagen durchwachsen. Als dann bis zur Winterpause kein weiterer Sieg mehr gelang, stand die Borussia als Drittletzter auf einem Abstiegsplatz. Der heftig kritisierte Heynckes trat nach dem 19. Spieltag zurück. Sein Nachfolger wurde der bisherige Co-Trainer Jos Luhukay. Aber auch der Niederländer konnte den zweiten Abstieg der Borussia nicht mehr verhindern. In den restlichen 15 Spielen holte sein Team lediglich zehn Punkte. Am Ende war die Luhukay-Truppe abgeschlagener Tabellenletzter mit elf Punkten Rückstand auf den rettenden 15. Platz.

Links: Die Fans nehmen Abschied vom Bökelberg.

Rechts: Die Borussia-Spieler verlassen nach einem 0:3 in Mainz am 12. Mai 2007 bedröppelt den Platz. Der Abstieg ist bereits besiegelt.

Nie wieder 2. Liga! Coulibaly verabreicht Voigt und Neuville im Aufstiegsjubel eine Bierdusche.

Die schönsten Sprüche von Hans Meyer

„Wir mussten das Training abbrechen, weil einige Spieler vor Freude in Tränen ausgebrochen sind." *(nach seiner Vertragsverlängerung in Gladbach)*

„Seit drei, vier Wochen haben die Spieler keine Angst mehr vor mir." *(auf die Frage, warum es bei Gladbach so gut läuft)*

„Torwart Jörg Stiel sagte mal, ich wäre sein bester Trainer gewesen. Später erfuhr ich, dass er nur zwei hatte."

„Wenn ich vor fünf Wochen gesagt habe, dass uns die Neuverpflichtungen helfen können, werde ich jetzt nicht sagen, ich hätte Mist gekauft."

2008: Sofortiger Wiederaufstieg

Im Sommer 2007 wurde der Kader der Borussia runderneuert: 13 Spieler verließen den Verein, elf neue kamen. Nach einem mäßigen Beginn in der 2. Liga kamen erste Zweifel an der Neuausrichtung auf. Doch die Borussia startete eine Siegesserie. Am 9. Spieltag eroberte sie die Tabellenspitze, wo sie sich bis zum Saisonende hielt. Mit einem 3:0 gegen den SV Wehen Wiesbaden am 32. Spieltag war der sofortige Wiederaufstieg bereits vorzeitig unter Dach und Fach. Am Ende hatte die Borussia sechs Punkte und 13 Tore Vorsprung auf den Zweitplatzierten Hoffenheim. Überragend war vor allem das Sturmduo aus dem Alt-Borussen Oliver Neuville (15 Treffer) und dem Neu-Borussen Rob Friend (18 Treffer). Die Spieler, die Verantwortlichen im Verein und die Fans schworen sich nun: Nie mehr 2. Liga!

Im Jahr 2003 wurden die Gladbacher zu den „Krawattenmännern des Jahres" gewählt. Die gestreifte Borussia-Krawatte wurde sehr beliebt. Sogar der damalige Bundeskanzler Gerhard Schröder trug sie. Vorne im Bild: Jörg Stiel und Holger Fach.

DIE BESTEN BORUSSEN
DIE STARS 1980 – 2008 (1)

Doppelpfosten-Schuss
Am 1. Oktober 1983 startete Gladbachs Libero Hans-Günter Bruns im Münchner Olympiastadion einen tollen Sololauf über das gesamte Spielfeld. Dann setzte er den Ball gegen den linken Torpfosten. Von dort kullerte das Spielgerät auf der Torlinie zum rechten Pfosten und sprang zurück ins Feld. Es war eines der schönsten „Nicht-Tore" aller Zeiten.

Am 12. März 1983 stand **UWE KAMPS** als 18-Jähriger erstmals im Tor der Borussia. Am 22. Mai 2004, beim letzten Heimspiel am Bökelberg, wurde der reaktionsschnelle Keeper mit den farbenfrohen Trikots in der 82. Spielminute eingewechselt. Es war nach 21 Jahren sein 390. und letzter Bundesliga-Einsatz. Insgesamt kam der Dauerbrenner auf 518 Pflichtspieleinsätze – und hätte damit fast den Rekord von Berti Vogts (525 Spiele) gebrochen. Wie Kamps war auch sein Konkurrent **ULI SUDE** ein Elfmeter-Killer: Er hielt in seiner Karriere sieben von 16 Elfmetern.
HANS-GÜNTER BRUNS, der kräftige blonde Libero mit dem starken linken Fuß, war kein Trainingsweltmeister. Aber der vierfache Nationalspieler überzeugte in den 1980er Jahren mit feiner Technik, knallharten Schüssen und robustem Einsatz in der Abwehr. Ein harter Abwehrrecke mit sagenhafter Schusskraft: So wurde **ULI BOROWKA** bei der Borussia bekannt, bevor er 1987 zu Werder Bremen wechselte. Der Norweger **KAI-ERIK HERLOVSEN** war zwischen 1982 und 1989 ein enorm ruhiger und sicherer Innenverteidiger.
Der linke Außenverteidiger und spätere Trainer **MICHAEL FRONTZECK**, ein waschechter Gladbacher Junge, zählte jahrelang zur Stammelf der Borussia. Der kleine Abwehr-Rackerer **THOMAS EICHIN** spielte von 1986 bis 1999 bei der Borussia – und erzielte in dieser Zeit kein einziges Tor. **BERND KRAUSS** wechselte die Positionen (erst Außenstürmer, dann Außenverteidiger) und die Nationen (erst Deutscher, dann Österreicher, dann wieder Deutscher). Als Spieler und später als Trainer brachte er immer seine Leistung. Zehn Jahre – von 1987 bis 1997 – kickte der Linksverteidiger **JÖRG NEUN** für den VfL. Der Linksfuß war gefürchtet für seinen Offensivdrang. Manch scharfe Flanke wurde zur Torvorlage, zwölfmal traf er selbst ins Netz.
Nach seinem Debüt im September 1979 blieb der junge Franke **LOTHAR MATTHÄUS** vier Jahre, in denen er es auf 162 Bundesliga-Einsätze brachte. Der athletische, technisch überragende und enorm schussstarke Mittelfeldspieler sollte es später bei Bayern München und Inter Mailand zum Weltmeister, Weltfußballer (1990) und Rekordna-

Uwe Kamps: immer im bunten Trikot und lange Jahre Stammtorwart bei der Borussia.

Rechts: Ewald Lienen am Ball.

tionalspieler (150 Länderspiele) bringen. Der spätere Sportdirektor **CHRISTIAN HOCHSTÄTTER** bewährte sich von 1982 bis 1998 im Mittelfeld. Er dirigierte das Spiel, war vor dem Tor gefährlich und später als Abräumer vor der Abwehr unverzichtbar. **MARTIN SCHNEIDER** erwies sich ab 1990 in genau 300 Pflichtspielen als tüchtiger Mittelfeld-Motor.

Enorm schnell, lange Haare, Ziegenbart und heraushängende Zunge: So ist **EWALD LIENEN** in Erinnerung. Der Stürmer fiel aber auch abseits des Platzes auf: als Kritiker des Profifußballs und Aktivist in der Friedensbewegung. Unterbrochen von einer kurzen Rückkehr zu seinem Stammverein Arminia Bielefeld wirbelte der spätere Trainer zweimal vier Jahre lang in Gladbach (1977-81, 1983-87). Das dribbelstarke Schlitzohr **FRANK MILL** schoss 71 Tore für den VfL. Fünfmal hintereinander (1982-86) war „Fränkie", der stets ohne Schienbeinschoner und mit heruntergelassenen Stutzen antrat, der beste Torschütze der Borussia. Der Torjäger **HARALD NICKEL**, der Elfmeter aus dem Stand verwandelte, ist bis heute als Schütze besonders spektakulärer Tore in Erinnerung.

Blond, schnauzbärtig und torgefährlich: Das waren die Markenzeichen von **UWE RAHN**. Leider hatte er nur eine überragende Saison: 1986/87, als er mit 24 Treffern Torschützenkönig wurde. Kopfballstark, clever und immer für ein Tor gut: So ist den älteren Fans **HANS-JÖRG CRIENS** in Erinnerung geblieben. 114 Treffer in 343 Pflichtspielen hat der „Lange" zwischen 1982 und 1993 für Gladbach erzielt – und ist damit der drittbeste Borussia-Torjäger überhaupt.

1979 wechselte Lothar Matthäus aus dem fränkischen Herzogenaurach zur Borussia nach Mönchengladbach.

DIE BESTEN BORUSSEN
DIE STARS 1980 – 2008 (2)

Mit Bartstoppeln und struppigen blonden Haaren: So stand der für einen Torwart ziemlich kleine Schweizer **JÖRG STIEL** drei Jahre lang (2001-04) zwischen den Pfosten. Er überzeugte nicht nur durch sein Können, sondern auch durch seine Austrahlung – genauso wie sein Nachfolger, der glatzköpfige US-Amerikaner **KASEY KELLER**.

Der in Bayern geborene Abwehrspieler **THOMAS KASTENMAIER** wurde ab 1990 in Gladbach berühmt-berüchtigt als einer, der leichte Fehler beging – oder mit gewaltigem Schuss Tore erzielte. **PATRIK ANDERSSON**, schwedischer Nationalspieler, verstärkte ab 1993 die Innenverteidigung und überzeugte als Chef der neu eingeführten Viererkette. Als kopfballstarker Manndecker war der bullige und in über 300 Pflichtspielen unermüdlich rackernde **MICHAEL KLINKERT** kaum zu überwinden. 1995 stemmte er als Mannschaftskapitän den DFB-Pokal in die Höhe. **MARCELL JANSEN**, ein flinker Linksverteidiger (2004-07), war nach vielen Jahren wieder ein echtes Gladbacher Fohlen, das den Sprung in die Nationalmannschaft schaffte.

Als kleiner 16-jähriger Junge kam der Hamburger **STEFAN EFFENBERG** zur Borussia. Der Blondschopf entwickelte sich zu einem herausragenden Mittelfeldspieler, wechselte 1990 zu den Bayern und kam 1994 als Star und „Leit-Tiger" für vier Jahre zurück. In dieser Zeit führte er die Borussia zum Pokalsieg und zweimal in den UEFA-Pokal. Dann wechselte der Stratege mit dem großen Selbstbewusstsein und dem riesigen Jahresgehalt 1998 erneut zu den Bayern, wo er drei Jahre später die Champions League gewann.

PETER WYNHOFF, Mittelfeldmotor und Gladbachs berühmteste Glatze seit Horst Köppel, war zehn Jahre lang (1989-99) als zuverlässiger Mannschaftsspieler eine

Karlheinz Pflipsen kickte 18 Jahre bei der Borussia.

Bank. Der Däne **PETER NIELSEN** kickte zweimal für die Borussia (1992-97 und 1999-2002) und überzeugte zugleich als Zerstörer wie als Antreiber im defensiven Mittelfeld. **KARL-HEINZ „KALLE" PFLIPSEN** durchlief bei der Borussia alle Jugendteams und startete 1989 seine Bundesliga-Karriere. Insgesamt kickte der begabte Mittelfeldspieler 18 Jahre in Gladbach. **IGOR DEMO**, Mittelfeldspieler aus der Slowakei und für die Fans ein „Fußballgott", war cool beim Elfmeter und eine große Stütze beim Aufstieg 2001.

Der bullige Stürmer **BACHIROU SALOU** aus Togo, im Jahr 1990 erster Afrikaner im Trikot der Borussia, schoss nicht viele Tore. Durch seinen nimmermüden Einsatz wurde er dennoch zum Publikumsliebling. Der dunkelhäutige Schwede **MARTIN DAHLIN** war 1991 mit 1,4 Mio. DM Ablöse der bis dahin teuerste Einkauf der Borussia. Er benötigte eine gewisse Anlaufzeit und überzeugte dann als kopfballstarker und wuchtiger Angreifer. **HEIKO HERRLICH** ging leider nur kurz für Gladbach auf Torejagd. Kaum war er 1995 Torschützenkönig geworden, kaufte ihn die Borussia aus Dortmund weg. Als Aufstiegsheld und Schütze des letzten Tores auf dem Bökelberg (2004) hat der Torjäger **ARIE VAN LENT** einen festen Platz in den Geschichtsbüchern der Borussia.

Weil der Goalgetter **OLIVER NEUVILLE** so schnell war, bekam er den Spitznamen Villeneuve verpasst – so hieß damals ein bekannter Formel-1-Fahrer. An der Seite des kleinen Flitzers stürmte in der Aufstiegssaison 2007/08 der kanadische Nationalspieler **ROB FRIEND**. Mit 18 Toren schoss er noch drei mehr als sein Mannschaftskamerad. Die meisten Assists – nämlich 13 – hatte in dieser Spielzeit der kleine Dribbler **MARKO MARIN**. In der darauffolgenden Bundesliga-Saison glänzte er erneut als Vorbereiter (11 Torvorlagen) und wechselte dann nach Bremen.

Stefan Effenberg freut sich über sein Tor im DFB-Pokalfinale 1995.

NEUES AUS DEM FOHLENSTALL

Die Borussia von 2009 bis heute

118

Trainer-Sprüche

„Ich war sehr aufgeregt und musste vorher zweimal mehr pinkeln als sonst."
Hans Meyer zu seinem Comeback bei der Borussia

„Er hat mich als Spieler mit 19 Jahren ins kalte Wasser geworfen, mir Vertrauen geschenkt. Von ihm habe ich sehr viel gelernt, sicher auch unbewusst."
Michael Frontzeck vor dem Duell gegen Leverkusen mit Trainer Jupp Heynckes

2009: Kurzes Comeback von Hans Meyer

Auch wenn das Trikot in der ersten Bundesliga-Saison nach dem Aufstieg 2008 an die erfolgreichen 1970er Jahre erinnerte, führte dies nicht zu sportlichen Heldentaten. Im DFB-Pokal schied man gewohnt früh aus (diesmal in der 2. Runde gegen Cottbus), und am 7. Spieltag gab es eine 1:2-Heimniederlage gegen den Erzrivalen 1. FC Köln. Was aber noch schlimmer war: Bis dahin hatte die Borussia erst ein einziges Spiel gewonnen und rangierte auf dem letzten Tabellenplatz. Es stand also wieder einmal eine Trainerentlassung an. Der glücklose Jos Luhukay wurde durch den alten Bekannten Hans Meyer ersetzt. Der bei den Fans sehr beliebte Aufstiegsheld von 2001 konnte es jedoch auch nicht gleich richten: Zur Winterpause war die Borussen-Elf mit nur elf Punkten weiterhin das Schlusslicht der Tabelle.

Mit neuen Defensivkräften – dem Torwart Logan Bailly, dem Abwehrchef Dante sowie dem Defensiv-Organisator Tomas Galasek – ging es in der Rückrunde endlich aufwärts. Die Borussia sammelte noch 20 Punkte und konnte den Abstieg knapp vermeiden – mit mageren 31 Punkten und nur einem Punkt Vorsprung vor dem Absteiger Cottbus. Immerhin: Dantes Führungstreffer im letzten Spiel gegen Dortmund (Endstand 1:1) sorgte für eine Rekordlautstärke im Borussia-Park: Der Jubel der Fans erreichte mit 99,8 Dezibel Motorsägen-Niveau. Trainer Meyer hätte sich darüber freuen können. Doch er kündigte seinen Vertrag wenig später aus persönlichen Gründen.

Spielte 2008/09 seine letzte Saison für die Borussia: der talentierte Wirbelwind Marko Marin.

Harter Einsatz in der Defensive: der Brasilianer Dante.

2010: Sorgenfrei mit Torgeschenken

Neuer Trainer wurde der ehemalige Gladbach-Profi Michael Frontzeck. Als Erstes musste er die in der Vorsaison nicht besonders treffsichere Offensive verstärken. Den Dribbler Marko Marin, der zu Werder Bremen gewechselt war, sollte der talentierte Marco Reus ersetzen. Reus hatte zuvor in der 2. Liga bei Rot Weiss Ahlen auf sich aufmerksam gemacht. Mit dem Venezolaner Juan Arango und dem Argentinier Raul Bobadilla wurden zwei weitere Offensivspieler verpflichtet.

Im Pokal lief es wie üblich schlecht, erneut scheiterte die Borussia frühzeitig (wieder in der 2. Runde, diesmal gegen den MSV Duisburg). In der Liga gelang ein guter Start, gefolgt von einer Serie mit fünf Niederlagen. Die Vereinsführung geriet jedoch nicht in Hektik und vertraute darauf, dass es bald wieder besser laufen würde. Tatsächlich tat es das, man hatte sogar unverschämtes Glück: Im Heimspiel gegen Hannover 96 gewann die Borussia mit 5:3, schoss dabei aber nur zwei Tore selbst. Drei Treffer setzten sich die Hannoveraner selbst ins Netz! Es wurde insgesamt eine Saison ohne Sorgen. Bereits am 32. Spieltag sicherte sich die Mannschaft durch ein 1:1 gegen den späteren Deutschen Meister FC Bayern München den Klassenerhalt. Am Ende stand das Frontzeck-Team auf Rang 12.

Kuriose Verletzungen
Vor dem Saisonstart 2009/10 ließ sich Borussias belgischer Torhüter Logan Bailly ein tragbares Klimagerät auf den Fuß fallen. Wegen eines Knochenbruchs verpasste er die ersten fünf Spiele. Noch kurioser war einige Jahre zuvor die Verletzung des Dänen Peter Nielsen: Er hatte sich beim Versuch, vom Fernsehsessel aus die Fernbedienung zu greifen, die Schulter ausgekugelt!

Ein alter Bekannter in Mönchengladbach: Trainer Michael Frontzeck.

Tor gegen Köln! Insgesamt traf Marco Reus 2009/10 achtmal ins Netz.

Schoss entscheidende Tore im Abstiegskampf: Mike Hanke auf dem Weg zum 1:0 gegen Freiburg am vorletzten Spieltag der Saison 2010/11.

2010/11: Absturz unter Frontzeck

Im ersten Auswärtsspiel der Bundesliga-Spielzeit 2010/11 gelang ein beeindruckender 6:3-Sieg in Leverkusen. Doch danach ging es abwärts: Auf eine 0:4-Heimniederlage gegen Eintracht Frankfurt folgte am 4. Spieltag mit einem 0:7 beim VfB Stuttgart Borussias höchste Auswärtsniederlage aller Zeiten. Am Ende der Hinrunde standen die Gladbacher mit kläglichen zehn Punkten auf dem letzten Tabellenplatz. Die zwischenzeitliche Hoffnung, sich im DFB-Pokal neuen Mut zu holen, war schnell dahin. Nach einem Sieg im Elfmeterschießen (!) gegen Bayer Leverkusen schied die Borussia im Achtelfinale gegen Hoffenheim mit 0:2 aus.

Die in der Winterpause geholten Verstärkungen – Mike Hanke (Sturm) sowie Havard Nordtveit und Martin Stranzl (beide Abwehr) – konnten auf die Schnelle nicht helfen. Nach einer 1:3-Niederlage am 22. Spieltag in Hamburg beim FC St. Pauli wurde Trainer Frontzeck entlassen. Die Borussia bildete zu diesem Zeitpunkt – bei 16 Punkten aus 22 Spielen und mit sieben Punkten Rückstand auf einen Nichtabstiegsplatz – immer noch abgeschlagen das Schlusslicht der Tabelle.

Jubiläumstor
Am 20. November 2010 schoss Marco Reus bei der 2:3-Niederlage im Heimspiel gegen den FSV Mainz 05 das 2.500ste Bundesliga-Tor für die Borussia. Die vorherigen Jubiläumstorschützen waren: Jupp Heynckes (500), Carsten Nielsen (1.000), Uwe Rahn (1.500) und Martin Dahlin (2.000).

2011: Ein Wunder mit Favre

Am 14. Februar 2011 wurde der Schweizer Lucien Favre als Nachfolger des erfolglosen Michael Frontzeck vorgestellt. Um den Abstieg jetzt noch zu vermeiden, musste fast schon ein Wunder geschehen. Doch danach sah es zunächst nicht aus. Zwar verbesserte sich die Borussia spielerisch und konnte den Rückstand allmählich verringern. Doch am 30. Spieltag lautete die bittere Wahrheit immer noch: Tabellenletzter in akuter Abstiegsgefahr. Schließlich kam es dann doch noch, das große Wunder: Die Favre-Mannschaft gewann dreimal hintereinander, so dass ein 1:1 beim Hamburger SV am letzten Spieltag genügte, um sich noch den 16. Tabellenplatz zu sichern. 26 Rückrundenpunkte – ganze 16 mehr als in der katastrophalen Hinrunde – hatten das Wunder möglich gemacht.

Nun musste die Borussia in der Relegation noch den Zweitliga-Dritten VfL Bochum bezwingen, um die Klasse zu halten. Es gelang. Einem 1:0 im Hinspiel (Tor: Igor de Camargo) folgte ein 1:1 in Bochum (Tor: Marco Reus) – die Borussia blieb weiter erstklassig! Und Lucien Favre war ab sofort „Kult“ bei den Fans.

Oben: Jubel nach dem 1:1 im 2. Relegationsspiel gegen Bochum: Stranzl und Reus nehmen Dante in die Zange, der kurz darauf kahl rasiert wird.

Lucien Favre wird nach dem erfolgreichen Klassenerhalt von seinen Spielern gefeiert.

Die besten Sprüche
„Hennes Lucien Favre"
Plakat der Borussia-Fans, auf dem sie ihren Coach mit der Trainerlegende Hennes Weisweiler gleichsetzten

„Ich träume nicht."
Lucien Favre zu den (Meister-)Chancen der Borussia in der Saison 2011/12

Foto links: 1. Spieltag: Igor de Camargos Kopfball sitzt, und die Borussia gewinnt beim FC Bayern mit 1:0.

Foto Mitte: 21. Spieltag: Jubelnde Gladbacher, bedröppelte Schalke. Arango (Mitte) hat gerade zum 3:0 getroffen.

Foto rechts: Dreifacher Torschütze: Marco Reus war beim 5:0 gegen Bremen einfach nicht zu stoppen.

2011: Unerwarteter Höhenflug im Herbst

Die Saison 2011/12 begann mit einem 3:1-Erfolg beim SSV Jahn Regensburg in der 1. Hauptrunde des DFB-Pokals. Diesen Sieg gegen einen Drittligisten fand noch niemand besonders außergewöhnlich. Geradezu sensationell aber war der 1:0-Auswärtserfolg zum Bundesligastart beim FC Bayern München. Und völlig überraschend war, dass die Borussia zwei Spieltage später nach einem 1:1 gegen Stuttgart und einem 4:1 gegen den VfL Wolfsburg erstmals seit 13 Jahren wieder an der Tabellenspitze stand! Die Bayern überholten ihren alten Rivalen aus den 1970er Jahren zwar gleich wieder. Aber auch die Borussia punktete weiter und zeigte Spiele, die tatsächlich an die ruhmreichen Zeiten von Netzer & Co. erinnerten.

Eine grandiose Vorstellung lieferte sie am 13. Spieltag ab: Mit 5:0 überrollten die Favre-Fohlen mit überfallartigen Angriffen den SV Werder Bremen. Fast alle spielten und kombinierten überragend, und trotzdem ragte der dreifache Torschütze Marco Reus, der bis dahin bereits drei Doppel-Treffer in der Bundesliga erzielt hatte, mit seiner phänomenalen Leistung noch heraus. Im nächsten Spiel ging es zum Derby nach Köln. Die Borussia ließ auch dem rheinischen Rivalen keine Chance. Mike Hanke und Juan Arango legten in der 1. Halbzeit ein 2:0 vor, und als erneut Hanke kurz nach dem Wiederanpfiff auf 3:0 erhöhte, war das Spiel vorzeitig entschieden.

2011/12: Träume von der Meisterschaft

Die Borussia hatte nach dem Derbysieg 29 Punkte und lag damit gleichauf mit dem Tabellenführer Borussia Dortmund. Der war am folgenden Wochenende zu Gast im Borussia-Park. Im Spitzenspiel zwischen den beiden Borussias kam es zu einem leistungsgerechten Unentschieden. Dortmund ging durch Torjäger Lewandowski in Führung, Mike Hanke gelang in der 72. Minute der Ausgleich zum 1:1. Nach einer unglücklichen 0:1-Nieder-

lage beim Aufsteiger Augsburg und einem 1:0-Heimsieg gegen Mainz 05 beendete die Borussia die Hinrunde auf dem 4. Platz. Da die Spitzengruppe mit Dortmund und Schalke (beide ein Punkt Vorsprung) sowie Bayern (vier Punkte Vorsprung) ganz eng beieinander lag, war noch alles drin. Sogar die Meisterschaft.

Tatsächlich startete die Rückrunde am 20. Januar 2012 mit einem Paukenschlag. Der Tabellenführer Bayern München fing sich gegen die Überraschungsmannschaft aus Mönchengladbach erneut eine Niederlage ein! Begünstigt durch einen Fehler von Nationaltorwart Manuel Neuer erzielte Marco Reus im Tollhaus des Borussia-Parks eine frühe 1:0-Führung. Der an diesem Tag nicht zu stoppende Flügelflitzer Patrick Herrmann erhöhte kurz vor der Halbzeitpause auf 2:0. Nach einem weiteren Konter in der 72. Minute war erneut Herrmann zur Stelle. Die Bayern schafften nur noch den Anschlusstreffer, am Ende hieß es 3:1.

Vier Mannschaften kämpften nun um die Tabellenspitze. Die Borussia stand zwar immer noch auf Rang 4, hatte aber nur einen einzigen Punkt Rückstand auf das Führungstrio Bayern, Dortmund und Schalke. Gegen eben diese Schalker landete die Borussia dann den nächsten Coup. Am 21. Spieltag zeigten die Borussen gegen die „Königsblauen" Traumfußball vom Feinsten und gewannen mühelos mit 3:0. Reus, Hanke und Arango entschieden das Spiel mit wunderschönen Treffern bereits in der 1. Halbzeit. Selbst wenn Trainer Favre immer wieder vor allzu großen Erwartungen warnte – die VfL-Fans ließen es sich jetzt natürlich nicht nehmen, von der Meisterschale zu träumen.

Bundesliga 2012: Die Champions League winkt

Die Meisterschafts-Träume zerstoben leider schneller als gedacht. Mehrere Unentschieden sowie Niederlagen in Nürnberg, gegen Hoffenheim und in Hannover ließen bis zum 30. Spieltag den Rückstand auf das Führungsduo München und Dortmund auf zehn beziehungsweise 16 Punkte anwachsen. Die Luft war nun ein wenig raus, das Spiel der Borussia nicht mehr so druckvoll wie zuvor. Immerhin war der Tabellendritte Schalke 04 (vier Punkte Vorsprung) und damit die direkte Qualifikation für die Champions League noch in Reichweite. Und am 31. Spieltag gelang wieder ein Derbysieg gegen Köln, erneut mit 3:0 durch Treffer von Arango, Jantschke und natürlich Reus. Eine 0:2-Niederlage in Dortmund sowie ein 0:0 gegen den bissigen Aufsteiger aus Augsburg machten dann auch die Chance auf Platz 3 zunichte. Aber ein Grund zum Traurigsein war das nicht. Die Borussia hatte Platz 4 sicher und damit die Möglichkeit, sich für die Champions League zu qualifizieren. Wer hätte das nach der letzten Saison gedacht, als es bis zum Schluss gegen den Abstieg ging?

2:1-Sieg in Leverkusen am 26. Spieltag. Dante gratuliert dem Torschützen de Camargo, während Favre aus dem Hintergrund jubelnd herbeistürmt. Hinterher erklärte er scherzhaft, dass er nur habe zeigen wollen, wie fit er noch sei.

DFB-Pokal 2012: Elfmeter-Drama im Halbfinale

Im DFB-Pokal wäre die Borussia in der 2. Runde beim Drittligisten 1. FC Heidenheim beinahe gestolpert: Nach torlosen 120 Minuten gewann sie erst im Elfmeterschießen dank starker Paraden von Marc-André ter Stegen mit 4:3. Dann aber zeigte sie auch in diesem Wettbewerb famose Leistungen. Im Achtelfinale benötigten die Favre-Fohlen keine Verlängerung. Gegen Schalke 04 stellten Arango und der überragende Doppel-Torschütze Reus einen 3:1-Sieg sicher. Damit durften die Borussen nach Berlin fahren, allerdings nicht zum Finale, sondern erst zum Viertelfinale gegen

Trauer nach dem unglücklichen Aus im DFB-Pokalhalbfinale gegen München.

Am 33. Spieltag verabschieden sich die Spieler beim letzten Heimspiel der Saison 2011/12 von den Fans.

Hertha BSC. Es war eine zähe Angelegenheit. In der regulären Spielzeit fielen keine Tore. Erst in der 101. Minute gelang es dem coolen Filip Daems, einen an de Camargo verursachten Foulelfmeter zu verwandeln. In der 120. Minute war das Spiel endgültig entschieden, als der eben erst eingewechselte Oscar Wendt zum 2:0 vollstreckte.

Im Halbfinale kam es dann zu einem Knüller im Borussia-Park. Die Bayern trafen zum dritten Mal in dieser Spielzeit auf die Borussia! Alle Beobachter fragten sich, ob sie sich nun auch die dritte Niederlage einfangen würden. Tatsächlich konnten die VfL-Fans erneut stolz sein auf ihre Mannschaft. Die Bayern hatten zwar mehr Ballbesitz, aber die Borussen hielten mit tollen Konter-Kombinationen dagegen. Auf beiden Seiten gab es viele Chancen. Doch ein Treffer wollte keiner Mannschaft gelingen. Da auch in der Verlängerung keine Tore mehr fielen, musste die Entscheidung im Elfmeterschießen fallen.

Alle Schützen zeigten sich zunächst nervenstark. Als Lahm zum 3:2 für die Bayern verwandelt hatte, trat Dante an. Und ausgerechnet der Brasilianer, der sich in der nächsten Saison das Bayern-Trikot überstreifen würde, schoss den Ball über den Kasten! Nachdem dann Kroos für die Münchner verwandelt hatte, war Havard Nordtveit in der Pflicht. Der Norweger schoss – und Manuel Neuer, der Nationaltorwart im Bayern-Tor, parierte mit dem Fuß. Der FC Bayern war im Endspiel, und die Borussia war einmal mehr nur durch Pech im Elfmeterschießen ausgeschieden.

2012/13: Abschiedstränen und tolle Aussichten

Nach der Super-Saison 2011/12 hatte manch ein VfL-Fan trotz aller Freude eine kleine Träne im Auge. Nicht nur, weil mit einem bisschen Glück vielleicht noch mehr drin gewesen wäre. Sondern auch, weil drei der besten Spieler in der nächsten Saison für die Konkurrenz antreten würden: Dante für Bayern München, Roman Neustädter für Schalke 04 und Marco Reus für Borussia Dortmund. Fest stand aber trotzdem: Die Borussia war wieder wer in Fußball-Deutschland! Und Trainer Lucien Favre, da durfte man sich sicher sein, würde zur neuen Saison wieder ein neues, tolles Fohlen-Team formen.

Die schönsten Sprüche

„Mit euch durch Europa. Danke Fans!"
Plakat der Borussia-Spieler beim letzten Bundesliga-Heimspiel

„Wir haben eine Saison der Rekorde und Bestleistungen erlebt, mit einer Spielweise, die zum Teil an die legendäre Fohlenelf erinnerte."
Präsident Rolf Königs zur Saison 2011/12

„Es war schwer, Bayern hatte seine Torchancen, wir hatten auch unsere Torchancen. Sie waren klar stärker als im Januar und August. Nach Elfmeterschießen auszuscheiden, ist schwer zu akzeptieren, aber man muss nach vorne schauen."
Lucien Favre zur Niederlage im Halbfinale des DFB-Pokals gegen die Bayern

„Ich werde die Fans nie vergessen!"
Dante zu seinem Abschied

Die schönsten Sprüche

„Jedes Team muss mit dem Willen, die Schale zu holen, in die Saison starten.“
Martin Stranzl

„Es ist ein toller Verein mit super Fans, und ich fühle mich hier richtig wohl.“
Roel Brouwers

DIE BESTEN BORUSSEN
DIE STARS VON HEUTE

DEFENSIVE

Der Junioren-Nationaltorhüter und U17-Europameister **MARC-ANDRÉ TER STEGEN** (Rückennummer 1) ist der einzige gebürtige Mönchengladbacher im aktuellen Team und trug schon als Vierjähriger das Trikot der Borussia. In seinen bisherigen Einsätzen zeigte er, dass er ein ganz Großer werden kann. Viele sehen in dem coolen Keeper, der bei der Borussia einen Vertrag bis 2014 hat, bereits den künftigen deutschen Nationaltorwart. **CHRISTOFER HEIMEROTH** (33) spielt seit 2006 in Mönchengladbach. Nach dem Abstieg wurde er 2007/08 die Nummer 1 im Tor und trug seinen Teil zum sofortigen Wiederaufstieg bei. Der mit 1,94 Metern und 91 Kilogramm größte und schwerste Spieler im aktuellen Kader ist nun der zweite Mann hinter André ter Stegen. Dritter Torhüter der Borussia ist **JANIS BLASWICH** (21). Wie Marc-André ter Stegen kommt er aus dem eigenen Nachwuchs.

Der 1,92 Meter große Innenverteidiger **ROEL BROUWERS** (4) überzeugte auf Anhieb, als er im Sommer 2007 vom Zweitligisten Paderborn zur Borussia wechselte. Ein halbes Jahr später wurde der Niederländer von den Fans zum besten Gladbacher Abwehrspieler der Hinrunde gewählt und ist bis heute immer eine Option für die erste Elf. Als Nachfolger des Publikumslieblings Dante auf der Position des linken Innenverteidigers wurde im Sommer 2012 der 23-jährige Spanier **ALVARO DOMINGUEZ** (15) verpflichtet. Der ballgewandte 7-Mio-Euro-Mann ist spanischer Nationalspieler und gewann mit Atlético Madrid bereits die Europa League. Neben dem neuen Abwehrchef wird wie bisher der kantige österreichische Nationalspieler **MARTIN STRANZL** (39) auf typische Art seine Abwehrarbeit verrichten: immer konsequent und unerbittlich im Zweikampf. Der junge Innenverteidiger **NIKLAS DAMS** (37) wird noch in der U23 aufgebaut.

Schon jetzt einer der besten Torhüter der Bundesliga: Marc-André ter Stegen.

FILIP DAEMS (3) ist seit 2005 ein verlässlicher Linksverteidiger bei der Borussia. 2006/07 konnte der belgische Nationalspieler wegen einer schweren Fersenverletzung kein einziges Spiel bestreiten. Nach seinem Comeback kämpfte er sich in die Stammelf zurück. Seit 2009 ist der erfahrene Abwehrmann Kapitän der Mannschaft. Auf rechts verteidigt der junge **TONY JANTSCHKE** (24) aus dem sächsischen Hoyerswerda. Am 6. Dezember 2008 schoss der talentierte Jugendnationalspieler im Alter von 18 Jahren sein erstes Bundesliga-Tor für die Borussia. Zwei weitere Abwehrspieler suchen seit 2011 ihre Chance in Mönchengladbach. Einer ist der schwedische Nationalspieler und Linksverteidiger **OSCAR WENDT** (17), der mit dem FC Kopenhagen bereits vier dänische Meistertitel errungen hat. Der andere ist der Rechtsverteidiger **MATTHIAS ZIMMERMANN** (2), der zuvor beim Karlsruher SC kickte. Er hat bereits eine lange Karriere als Jugendnationalspieler hinter sich und gewann 2009 mit der U17 den Europameistertitel.

Roel Brouwers

Alvaro Domínguez

Martin Stranzl

Filip Daems

Verteidigt auf rechts: Tony Jantschke.

Die schönsten Sprüche

„Wenn du als Nummer 2 genauso hart trainierst, dann wirst du irgendwann auch wieder die Nummer 1."

Havard Nordtveit, als er auf der Bank saß

„Wir sind eine Mannschaft, die 100 Prozent bringen muss. Bringen wir auch nur ein oder zwei Prozent weniger auf dem Platz, dann wird es schwer für uns."

Thorben Marx

DIE BESTEN BORUSSEN
DIE STARS VON HEUTE

MITTELFELD

Der venezolanische Nationalspieler Juan Fernando Arango Sáenz, kurz **JUAN ARANGO** (18), kam im Sommer 2009 im Alter von 28 Jahren nach Möchengladbach. Arango, der seit einem fünfjährigen Engagement in Spanien (RCD Mallorca) auch einen spanischen Pass besitzt, wird in seiner Heimat Venezuela auch „Hurrikan aus der Karibik" genannt. Der elegante Mittelfeldspieler hat schon viele schöne Tore erzielt, glänzt bei der Borussia allerdings meist als Vorlagengeber. Ebenfalls seit 2009 trägt der junge Saarländer **PATRICK HERRMANN** (7) das Trikot der Borussia. Der U21-Nationalspieler ist inzwischen als Flügelflitzer auf der rechten Seite eine feste Größe. **THORBEN MARX** (14) hat bereits weit über 200 Bundesliga-Spiele auf dem Buckel und ist zusammen mit Mike Hanke der erfahrenste VfL-Spieler. Der Berliner, der alle Jugendnationalmannschaften des DFB durchlaufen hat, begann seine Profikarriere bei Hertha BSC und fand über Arminia Bielefeld seinen Weg nach Mönchengladbach.

GRANIT XHAKA (34) ist ein sehr talentierter Schweizer mit kosovo-albanischen Wurzeln. Mit dem FC Basel lieferte er so tolle Vorstellungen in der Champions League ab, dass er der Borussia die Rekord-Einkaufssumme von 8,5 Mio. Euro wert war. **HAVARD NORDTVEIT** (16), einst Kapitän der U16-Nationalmannschaft Norwegens, wurde noch als Jugendspieler von dem berühmten Trainer Arsène Wenger für den FC Arsenal London verpflichtet. Er galt als eines der größten Defensivtalente Europas und wurde an verschiedene Klubs ausgeliehen, unter anderen auch an den 1. FC Nürnberg. Im Winter 2010 unterzeichnete der Norweger schließlich einen Vertrag bei der Borussia. Dort zeigt „Howie" neben Talent auch eine vorbildliche Einstellung als Profi.

Das Leichtgewicht **LUKAS RUPP** wurde im Januar 2012 zum Zweitligisten Paderborn ausgeliehen, um sich dort Spielpraxis und Durchsetzungskraft anzueignen. Ein sehr junger Spieler, nämlich Jahrgang 1992, ist **JULIAN KORB** (27).

Norwegischer Musterprofi: Havard Nordtveit.

Der gebürtige Essener, der als Spieler der Borussia-Jugend bereits vom großen FC Bayern umworben wurde, überzeugte wie seine Vereinskameraden Marc-André ter Stegen und Matthias Zimmermann als Stammspieler der U19-Nationalmannschaft. Wie Korb ist auch der 2011 verpflichtete Japaner **YUKI OTSU** (23) als Option für die Zukunft gedacht. Der schmächtige Mann mit dem starken linken Fuß, dessen Vorname „Mut“ bedeutet, bezeichnet Dribbelstärke und gute Balltechnik als seine Stärken.

Im Januar 2012 verpflichtete die Borussia zwei weitere begabte Nachwuchskicker für das Mittelfeld. Der ballsichere finnische Nationalspieler **ALEXANDER RING** (5) ist vielseitig einsetzbar. Der spielstarke **TOLGA CIGERCI** (6), der bereits mehrfach für die deutsche U19-Nationalmannschaft zum Einsatz kam, ist für das zentrale Mittelfeld vorgesehen.

Flügelflitzer Patrick Hermann.

Ballkünstler aus Venezuela: Juan Arango.

DIE BESTEN BORUSSEN
DIE STARS VON HEUTE

Die schönsten Sprüche

„Penalty, penalty!"
Igor de Camargo auf die Frage, ob ein Foul an ihm elfmeterreif war

„Ich weiß, was es bedeutet, gegen den Abstieg zu spielen, bin aber nie abgestiegen, und ich will das auch nicht erleben."
Mike Hanke

„Was soll ich sagen. Ich sag immer dasselbe, der Trainer sagt immer dasselbe, jeder sagt immer dasselbe."
Marco Reus zu den Aussichten der Borussia 2011/12

OFFENSIVE

Insgesamt 42 Bundesliga-Treffer (für Schalke 04, Wolfsburg und Hannover) hatte **MIKE HANKE** (19) auf dem Konto, als er im Januar 2011 zur Borussia wechselte. Er ist damit der erfolgreichste Bundesliga-Torschütze des aktuellen VfL-Kaders. Der WM-Teilnehmer von 2006, der mit seinem sicheren Passspiel auch als Vorbereiter sehr wertvoll ist, will diese Bilanz gerne noch aufbessern. Kurios: Hanke ist allergisch gegen Rasen.

Fast so teuer wie Bobadilla war **IGOR DE CAMARGO** (10), der 2010 für rund 4 Mio. Euro von Standard Lüttich kam. Der in Brasilien geborene Stürmer mit belgischem Pass kombiniert auf dem Platz brasilianische Fußballkunst mit europäischer Disziplin. Neben dem Platz überrascht de Camargo mit seinem Sprachtalent. Er beherrscht nicht weniger als sieben Sprachen: Portugiesisch, Spanisch, Italienisch, Französisch, Flämisch, Englisch und Deutsch.

Gleich zwei Neuverpflichtungen vom Sommer 2012 sollen dafür sorgen, dass die Fans den Dribblings und Toren von Marco Reus nicht mehr hinterher weinen müssen. Der 21-jährige **PENIEL MLAPA** (22), ein im Togo geborener deutscher Junioren-Nationalspieler, hat bei der TSG Hoffenheim bereits Bundesliga-Erfahrung gesammelt. Er ist ein technisch beschlagener, schneller und wuchtiger Offensiv-Allrounder. Ähnlich kann man auch den gleichaltrigen, fast 1,90 Meter großen niederländischen Nationalstürmer **LUUK DE JONG** beschreiben. Für den Torjäger, der für Twente Enschede in 75 Spielen 39 Tore erzielt hat, bezahlte die Bo-

Kam im Januar 2011 zur Borussia: Mike Hanke.

russia eine Ablöse im zweistelligen Millionen-Bereich. Um den Wechsel zu seinem Wunschverein Mönchengladbach möglich zu machen, hat de Jong sogar auf eine vertraglich festgeschriebene Beteiligung am Transfererlös verzichtet. Eine Hoffnung für die Zukunft ist der ebenfalls neu verpflichtete schwedische U19-Nationalspieler **BRANIMIR HRGOTA** (31), der in Jönköping als talentierter Rechtsaußen auf sich aufmerksam gemacht hat.

Abgänge 2012

MARCO REUS riss die Fans im Borussia-Park mit seinen unnachahmlichen Tempodribblings und Torschüssen von den Sitzen. Der offensive Mittelfeldmann mit der Sturmfrisur, der als Torschütze und Vorlagengeber glänzte, wechselte zur Saison 2012/13 für eine Ablöse von 17,5 Mio. Euro zu Borussia Dortmund, wo er einst seine Karriere gestartet hatte.

Der dunkelhäutige Brasilianer **DANTE** war von 2009 bis 2012, als er zu den Bayern nach München wechselte, Kopf, Herz und Seele der VfL-Abwehr. Die Fans liebten ihn nicht nur wegen seines Könnens und seines Kampfgeistes, sondern auch wegen seines Wuschelkopfes – und kamen gern mit Dante-Perücken ins Stadion.

Der in der Ukraine geborene Russlanddeutsche **ROMAN NEUSTÄDTER** zeigte in der Saison 2011/12 so herausragende Leistungen im defensiven Mittelfeld, dass ihn Schalke 04 unbedingt verpflichten wollte – und es dann auch tat.

Belgisch-brasilianischer Stürmer: Igor de Camargo.

ALLES RUND UM DIE BORUSSIA

Über 12 Millionen Fans

Fast 1 Million Zuschauer pro Jahr

Rund 50.000 Zuschauer im Schnitt

Rund 45.000 Mitglieder

Über 27.000 Dauerkarten

Über 17.000 Fanklubmitglieder

Bald 800 Fanklubs

Igor De Camargo
Like

Mit großem „B“ auf der Brust: Die Mannschaft der Borussia in der Saison 1913/14.

Das Logo der Borussia

So sieht das Logo heute aus.

In den ersten Jahren der Borussia hatten die ineinander verschnörkelten Buchstaben „FCB“ die Funktion eines Vereinswappens. Doch bereits 1906 tauchte auf einer Vereinsfahne das bis heute gültige Logo auf: die auf der Spitze stehende, schwarz-weiß quergestreifte Raute mit einem großen „B“ in der Mitte. Das Wappen hat sich seitdem kaum verändert. Auf den Borussia-Trikots ist die Raute allerdings erst seit 1950 üblich. Zuvor schmückte die Brust der Spieler meist ein großes „B“.

Vereinsfarben und Trikots

Die offiziellen Vereinsfarben der Borussia sind Schwarz, Weiß und Grün. Bis in die 1960er Jahre hinein war Schwarz die Trikotfarbe der Borussia. Weil aber die Frau des 1964 verpflichteten Trainers Hennes Weisweiler meinte, dass Schwarz zu traurig sei, wurde das geändert. Tatsächlich spielte die Borussia in Weiß wie befreit und eilte von Sieg zu Sieg. Die beiden anderen Vereinsfarben – Schwarz und Grün – verschwanden aber nicht ganz: Sie blieben in Form eines zweifarbigen Längsstreifens auf der linken Seite des Trikots erhalten.

Trikotwerbung

Seit 1976 prangt neben dem Logo auch Werbung auf den Trikots der Borussia-Spieler. Es begann mit dem Schriftzug „Erdgas“. Vom Energieversorger Ruhrgas erhielt die Borussia dafür 1 Mio. DM pro Saison. Seitdem haben sich die Einnahmen gewaltig gesteigert. Das japanische Unternehmen Kyocera, das u. a. Drucker und Kopierer herstellt, bezahlte zwischen 2005 und 2009 ungefähr das Zehnfache, nämlich 5 Mio. Euro pro Saison. Neben den

Links Günter Netzer im klassischen Trikot ohne Werbung und mit schwarz-grünen Längsstreifen. Rechts Patrick Herrmann im Trikot der Saison 2011/12 ohne Streifen, dafür mit Werbung und den zwei Meistersternen über dem Logo.

Meistersterne
Seit der Saison 2004/05 dürfen die Bundesliga-Vereine Sterne für ihre bisherigen Meisterschaften auf dem Trikot tragen. Gewertet werden allerdings nur Meistertitel, die in der Bundesliga errungen wurden. Möglich sind ein Stern (ab drei Meisterschaften), zwei Sterne (ab fünf Meisterschaften), drei Sterne (ab zehn Meisterschaften) und vier Sterne (ab 20 Meisterschaften). Die fünf Bundesliga-Meisterschaften der Borussia sind also zwei Sterne wert.

Trikotsponsoren arbeitet die Borussia seit 1976 auch mit festen Ausrüstern zusammen: seit 2003 mit dem italienischen Sportartikelhersteller Lotto, davor mit Puma, Asics und Reebok.

Das Fohlen Jünter

Seit Ende 1999 ist das Fohlen Jünter das Maskottchen des Vereins. Sein Name erinnert an den großen Borussen-Star Günter Netzer. Wie dieser trägt es auf dem Rücken die Nummer 10. In der Stadionzeitung *Fohlen-Echo*, die 1965 von Netzer ins Leben gerufen wurde, meldet sich Jünter regelmäßig zu Wort. Außerdem gibt es noch *Jünters Welt*, das Magazin für die Borussia-Kids. Den Jünter zum Anfassen gibt es an dem einmal jährlich durchgeführten „Jünter-Tag". Da stellt das Maskottchen den Verein vor und begleitet Kinder zu einem Heimspiel in den Borussia-Park. Außerhalb des Stadions ist Jünter als Leseratte bekannt geworden. Häufig geht das Maskottchen in Kindergärten und Schulen und wirbt dort für das Lesen. Kein Wunder, dass es auch Bücher mit spannenden Geschichten von Jünter gibt: *Jünters rätselhaftes Verschwinden* und *Jünters größtes Geheimnis*, beide von Dagmar Jansen.

Gladbachs Maskottchen: das Fohlen Jünter.

Lehmiger Platz, schlammige Zuschauerränge: das Westdeutsche Stadion im Oktober 1920.

Pyramiden-Sturz im Stadion
Höhepunkt der Feierlichkeiten zur Eröffnung des Westdeutschen Stadions im Jahr 1919 war eine „menschliche Pyramide". Auf deren Spitze sollte der Turner Karl Vander einen Handstand machen. Das Vorhaben misslang. Vander purzelte herunter, blieb aber immerhin unverletzt.

Von der Kiesgrube zum Westdeutschen Stadion

Die Gründerväter der Borussia kickten um 1900 zunächst auf einer Wiese im Stadtteil Alsbroich. Später rollte das runde Leder auf verschiedenen anderen Fußballplätzen in der Stadt. Ab 1907 nutzte man das Gelände des Turnvereins TV 1848 an der Bökelstraße. Schließlich kaufte der Verein im Jahr 1914 eine Kiesgrube an der Eickener Höhe, dem Bökelberg, um dort ein eigenes Stadion zu errichten. Durch den Ausbruch des Ersten Weltkriegs verzögerte sich jedoch der Bau. Vorläufig hatte man nur eine Kuhle – „dä Kull", wie man in Gladbach sagte.

Gleich nach dem Kriegsende 1918 begann der Ausbau der Kiesgrube. Bereits am 21. September 1919 wurde das neue Stadion mit einem Spiel gegen den FC Eintracht Mönchengladbach eröffnet. Im Grunde genommen war das Stadion nicht viel mehr als ein Fußballplatz, der von steilen Hängen umgeben war, die zu Stehrängen gemacht wurden. Nur auf der Westseite gab es Sitzgelegenheiten.

Das Stadion im Jahr 1958.

Im Sommer 1920 baute der Verein das Stadion aus. Zeitgenossen beschrieben die 40.000 Zuschauer fassende Arena als das „schönste Naturstadion weit und breit“.

Anlässlich der 1.000-Jahr-Feier der Stadt Mönchengladbach erhielt es nun auch einen offiziellen Namen: „Westdeutsches Stadion“. Bei den Borussia-Fans hieß es allerdings weiterhin schlicht und einfach „dä Kull“.

Das Bökelbergstadion

Nach dem Zweiten Weltkrieg wurde das teilweise zerstörte Stadion wiederaufgebaut. 1956 musste die Borussia es aus Geldgründen der Stadt Mönchengladbach überlassen. 1962, also zwei Jahre nach dem Triumph im DFB-Pokal, war das Stadion umfassend modernisiert worden. Es erhielt nun offiziell den Namen „Stadion am Bökelberg“ und fasste jetzt 26.100 Steh- und 2.843 Sitzplätze. Nach dem Bundesliga-Aufstieg wurde die Haupttribüne überdacht und die Lücke zwischen Nord- und Ostwall ausgebaut. Im Sommer 1978 folgte ein erneuter Ausbau, unter anderem wurde eine neue Tribüne errichtet. Das Fassungsvermögen betrug nun 34.500 Zuschauer, davon konnten 8.722 sitzen.

Das Ende des Bökelbergs

Das letzte Spiel am Bökelberg fand am 22. Mai 2004 gegen den TSV 1860 München statt, die Borussia gewann mit 3:1. Danach wurde das Stadion abgerissen. Dort, wo die Borussia einst ihre großen Triumphe feierte, erstreckt sich heute eine Wohnsiedlung. Lediglich ein kleiner Gedenkstein erinnert noch an den Bökelberg.

Im Europapokal auswärts zuhause
Trotz aller Ausbauten war der Bökelberg bereits in den erfolgreichen 1970er Jahren zu klein. So trug die Borussia viele Europapokal-Heimspiele nicht im eigenen Stadion, sondern in den viel größeren Arenen in Düsseldorf und Köln aus.

Ausverkaufter Bökelberg am 5. August 1989 im Heimspiel gegen den FC Bayern (0:0).

Kein Sportpark Bökelberg

Das kleine Bökelbergstadion mit seinen steilen Stehplatzhängen und der legendären Nordkurve war bei den Fans sehr beliebt. Es entsprach aber schon in den 1970er Jahren nicht mehr den gestiegenen Ansprüchen. Auch finanziell geriet die Borussia ins Hintertreffen: Ein ausverkauftes Olympiastadion brachte dem FC Bayern fünfmal so viel Einnahmen wie den Borussen ein ausverkaufter Bökelberg. Auch aus diesem Grund hatten andere Vereine, vor allem der FC Bayern München, mehr Geld zur Verfügung als die „kleine“ Borussia. Durch eine umfassende Modernisierung sollte der Rückstand wieder aufgeholt werden. Doch die wurde von der Stadt Mönchengladbach abgelehnt. Anfang der 1990er Jahre scheiterte dann auch der große Traum von Gladbachs Manager Rolf Rüssmann, einen supermodernen „Sportpark Bökelberg“ errichten zu lassen. Diesmal hatten die Anwohner gegen das Projekt rebelliert. Im Jahr 2000 fiel dann schließlich die Entscheidung, ein komplett neues Stadion an einem anderen Standort zu bauen.

2004: Der Borussia-Park wird eröffnet

Das neue Stadion wurde im Westen von Mönchengladbach auf dem Gelände des Nordparks errichtet. Im März 2002 machten sich die Bagger an die Arbeit. Am 30. Juli 2004 wurde die 87 Mio. Euro teure und komplett über-

Sieht von oben wie eine Spinne aus: das Stadion im Borussia-Park.

dachte Arena eröffnet. Borussia-Fans zogen mit bunt geschmückten Wagen von der alten in die neue Spielstätte, um den Geist des Bökelbergs symbolisch in den Borussia-Park hinüberzuretten. Es gab ein Feuerwerk und die Band *Pur* spielte. Dann rollte der Ball erstmals bei einem Kurzturnier gegen den FC Bayern München und den AS Monaco.

Mehr Zuschauer für die Borussia

Durch den Umzug in das neue Stadion an der Hennes-Weisweiler-Allee stiegen die Zuschauerzahlen der Borussia deutlich. Ins Bökelberg-Stadion kamen in den 1990er Jahren durchschnittlich 26.000 bis 32.000 Fußballfans. Bereits in der ersten Saison im neuen Stadion stieg der Zuschauerschnitt auf 49.183. Damit hatte die Borussia 2004 die viertmeisten Zuschauer der Bundesliga. In der Saison 2011/12 waren es 51.845.

Auf dem Gelände des Borussia-Parks steht nicht nur das Stadion. Hier befinden sich auch die Trainingsplätze und das Verwaltungsgebäude des Vereins. 2011/12 wurde es ausgebaut: mit Riesen-Fanshop, Fohlen-Museum, Soccerhalle und vielen Restaurants.

Daten zum Borussia-Park

Fassungsvermögen (Bundesliga): 54.057 Zuschauer

Im Unterrang: 18.922 Sitzplätze, davon 45 Logen mit 684 Plätzen und 1.758 Business-Seats; 16.145 Stehplätze, davon 2.066 im Gästeblock.

Im Oberrang: 18.784 Sitzplätze und 206 Presseplätze

Fassungsvermögen (international): 46.287 Zuschauer (nur Sitzplätze)

Gesamtfläche Borussia-Park: 264.000 Quadratmeter

Spielfeld: 11.000 Quadratmeter (105 x 68 Meter plus Randzonen)

Im Borussia-Park herrscht immer eine tolle Stimmung.

Ewig treu: die Fans der Borussia

Die Borussia hat Zigtausende Fans in ganz Deutschland, seit sie in den 1970er Jahren mit ihrem tollen Spiel die Fußballwelt begeisterte. Bis heute sind alle Anhänger stolz auf die ruhmreiche Vergangenheit. Richtige Fans sind aber eigentlich nur die, die der Borussia auch treu geblieben sind, als es ihr nicht so gut ging – wie bei den beiden Abstiegen 1999 und 2007.

Es gibt viele berühmte Gladbach-Fans wie den Fernsehmoderator Matthias Opdenhövel oder den Politiker Peer Steinbrück. Viel wichtiger sind aber die zahlreichen Fans, die nicht nur mitfiebern, sondern ihre Borussia auch lautstark mit Sprechchören und Gesängen anfeuern. Diese Fans stehen in der Nordkurve und tragen oft schwarz-grün-weiße Kutten, Schals oder Mützen. Und die aktivsten von ihnen, die sogenannten Ultras, lassen sich immer wieder neue Choreografien einfallen, die für eine tolle Stimmung im Stadion sorgen. Viele dieser Fans kommen nicht nur zu den Heimspielen, sondern reisen auch regelmäßig zu den Auswärtsspielen. Schließlich müssen die Fohlen auch in der Fremde unterstützt werden.

Freunde aus Liverpool

Bis heute besteht eine Fanfreundschaft zwischen Borussia Mönchengladbach und dem englischen Verein FC Liverpool. Sie stammt noch aus der Zeit, als beide Vereine im Europapokal häufig aufeinandertrafen. Nicht selten besuchen sich die Fans beider Klubs gegenseitig. Aber auch die Vereine selbst pflegen einen guten Kontakt. Zum 110-jährigen Vereinsjubiläum am 1. August 2010 war der FC Liverpool im Borussia-Park zu Gast und ließ die Heimmannschaft freundlicherweise mit 1:0 gewinnen.

Manolo war mit Sicherheit der berühmteste Fan der Borussia. Ab 1977 heizte der Türke mit seiner Trommel über 25 Jahre lang die Stimmung am Bökelberg an.

Die Borussia und der FC Liverpool: heute gute Freunde.

Fanklubs und Fanprojekt

Viele der treuesten Fans sind seit 1972 in Fanklubs organisiert, die es überall in Deutschland gibt. Inzwischen gibt es weit über 700 Fanklubs, darunter auch welche im Ausland, so z. B. in den Niederlanden, der Schweiz, Norwegen, Spanien und sogar in Kalifornien, Südafrika und Neuseeland.

Im Jahr 1983 schlossen sich einige Fanklubs zusammen, um gemeinsame Aktivitäten zu organisieren. 1988 entstand daraus das Fanprojekt, dem sich fast alle Fanklubs anschlossen. Das Fanprojekt mietet Busse für die Fahrten zu Auswärtsspielen und betreibt das Fanzine *Nordkurve*. Seit 2006 gibt es in der Nähe des Stadions ein Fan-Haus. Auch der VfL selbst engagiert sich für die Fans. Als erster Bundesliga-Verein überhaupt hat er 1989 einen Fanbeauftragten eingestellt, um die Wünsche der Fans zu unterstützen.

Vereinshymne

„Die Elf vom Niederrhein" – so lautet die offizielle Vereinshymne der Borussen, intoniert von der Gruppe *B.O.* Vor jedem Heimspiel heißt es: Aufstehen, Hand auf die Raute und dann aus vollem Hals mitgesungen: „Ja, wir schwören Stein und Bein auf die Elf vom Niederrhein / Borussia unser Dream-Team, denn du bist unser Verein! ...." Neben der Hymne werden noch viele andere Lieder gesungen, zum Beispiel „Wir sind Borussia" oder „Die Seele brennt".

Fohlen-TV
Seit 2008 hat Borussia Mönchengladbach einen eigenen TV-Sender, der übers Internet zu empfangen ist: „Fohlen.TV". Dort werden Informationen und Aktuelles rund um den Verein geboten. Darüber hinaus wird jedes Spiel eine Stunde nach Spielende in voller Länge übertragen.

Die Nordkurve ist die Heimat der treuesten Fans. Immer wieder gibt es hier tolle Choreografien.

Das Rheinische Derby

„Derby“ nennt man ein Spiel zwischen zwei Vereinen, die aus derselben Stadt oder Region kommen. In den Anfangsjahren der Borussia gab es mehrere Derbys, etwa gegen die Lokalrivalen SC M.-Gladbach, Eintracht M.-Gladbach oder den Rheydter SV, in denen die Borussia manche Niederlage hinnehmen musste. Aber das spielte sich alles noch in unteren Ligen ab. Als die Borussia zu einem der stärksten Vereine in Westdeutschland geworden war, gab es in der Nähe nur noch einen großen Gegner, den man leidenschaftlich bekämpfte: den 1. FC Köln.

Kein anderer Fußballverein ist unter Gladbach-Fans so unbeliebt wie der „Effzee“. Schon vor rund 100 Jahren lieferten sich die Borussen mit einem der Vorläufervereine des FC, dem Kölner BC, harte Duelle im Endspiel um die Westdeutsche Meisterschaft. Höhepunkte in neuerer Zeit waren das Finale um den Westdeutschen Pokal 1960 (3:1 für die Borussia) sowie natürlich das DFB-Pokalfinale 1973 (2:1 für die Borussia). 1978 gab es dann noch ein Kopf-an-Kopf-Rennen um die Meisterschaft, das die Kölner ganz knapp gewannen: Bei Punktgleichheit hatten sie drei Treffer mehr erzielt.

Natürlich ging es im Rheinischen Derby zwischen den Fohlen aus Mönchengladbach und den Geißböcken aus Köln nicht immer um einen Titel. „Heiße“ Spiele waren es aber immer. Wenn die Borussia, zumal auswärts in Köln, deutlich gewann, feierten die Borussia-Fans besonders ausgelassen. Tolle Festtage gab es zum Beispiel 1975 (4:0) und 1984 (5:1). Und in der Saison 2010/11, die ansonsten nicht allzu viel Freude zu bieten hatte, war wenigstens gegen Köln die Borussia-Welt in Ordnung. 4:0 in Köln und 6:1 zuhause lauteten die Ergebnisse.

Spezieller Elfmeter-Rekord
Am 14. November 1984 parierte Gladbachs Keeper Uli Sude beim 5:1-Sieg der Borussia beim 1. FC Köln innerhalb von neun Minuten (13. und 22. Minute) zwei Elfmeter. Er hält damit bis heute den Rekord in der Kategorie „zwei Elfmeter gehalten in der kürzesten Zeit“.

Schon wieder Derbysieger! Mit dem 3:0 am 15. April 2012 gelang Mönchengladbach der vierte Sieg in Folge gegen Köln.

Duelle gegen die Bayern

Neben den Kölnern gibt es noch einen Verein, bei dem die Borussen-Fans rot sehen. Es sind die ebenfalls in roten Tikots auflaufenden Bayern aus München. Diese Spiele sind zwar keine Derbys. Dennoch waren es einst ganz besondere Spiele. 1965 stiegen die Borussen gemeinsam mit den Bayern in die Bundesliga auf, und von 1969 bis 1977 machten die beiden Vereine sämtliche Meisterschaften unter sich aus. Viermal gewannen die Bayern, fünfmal die Borussia. Die Borussia war in dieser Zeit nicht nur ein Stück besser, sondern auch beliebter, weil sie den schöneren Offensivfußball spielte.

Die Kapitäne der beiden besten Mannschaften der 1970er Jahre: der Gladbacher Günter Netzer mit dem Bayernspieler Franz Beckenbauer.

In den 1980er Jahren fiel die Borussia dann zurück, während die „reichen" Bayern weiterhin Titel um Titel gewannen. Immerhin erzielte die Borussia nach 23 Niederlagen und sieben Unentschieden am 14. Oktober 1994 endlich den ersten Auswärtssieg beim Erzrivalen. Ein Effenberg-Schuss und ein Eigentor des Münchners Andreas Herzog sorgten für den 2:1-Sieg. Nicht nur Borussia-Fans haben sich darüber gefreut. Denn die andauernd erfolgreichen Bayern werden von vielen Fans anderer Vereine gehasst. Gladbach-Hasser gibt es dagegen kaum irgendwo. Außer vielleicht in Köln.

Keine Chance für Manuel Neuer: Gleich trifft Patrick Herrmann zum 3:0 (Endstand 3:1) gegen die Bayern am 20. Januar 2012. Bereits das Hinspiel in München hatte die Borussia gewonnen.

Torschützenkönig 1974: Jupp Heynckes erhält als erster Borusse überhaupt die Torjägerkanone.

Seriensiege
In der Saison 1986/87 gewann die Borussia zehn Spiele hintereinander. Dieser Bundesliga-Rekord wurde erst durch den VfL Wolfsburg in der Saison 2008/09 eingestellt.

Ungeschlagen
In der Saison 1974/75 blieb die Borussia 17 Spiele lang ungeschlagen (Rekord: Bayer Leverkusen, 24 Spiele).

Sieglos
In der Saison 2006/2007 blieb die Borussia in zwölf Spielen hintereinander sieglos (Rekord: Tasmania Berlin, 31). In der Saison 1989/90 verlor sie siebenmal in Folge (Rekord: MSV Duisburg, 15).

Tabellenführer
Insgesamt stand die Borussia 131 Spieltage auf dem 1. Platz der Bundesliga
(Rekord: Bayern München, 577).

Ewige Bundesliga-Tabelle
(nach der Saison 2011/12)

	Spiele	Punkte	Tore
1. Bayern München	1.602	3.095	3.412:1.843
2. Werder Bremen	1.628	2.530	2.784:2.294
3. Hamburger SV	1.662	2.513	2.717:2.324
4. VfB Stuttgart	1.594	2.431	2.723:2.270
5. Borussia Dortmund	1.526	2.350	2.625:2.199
6. Bor. Mönchengladb.	**1.500**	**2.190**	**2.575:2.210**

Höchster Heimsieg
12:0 (am 29. April 1978 gegen Borussia Dortmund, Bundesliga-Rekord)

Höchste Heimniederlage
0:7 (am 30. April 1966 gegen Werder Bremen)

Höchste Auswärtssiege
7:1 (am 21. März 1987 gegen Werder Bremen), 6:0 (am 29. Oktober 1977 gegen Eintracht Braunschweig)

Höchste Auswärtsniederlage
0:7 (am 18. September 2010 gegen VfB Stuttgart)

Torschützen des Jahres
Ulrik le Fèvre (1971), Günter Netzer (1972, 1973), Harald Nickel (1979), Kasper Bögelund (2005), Oliver Neuville (2006)

Bundesliga-Torschützenkönige
Jupp Heynckes (1973/74 mit 30 Toren und 1974/75 mit 27 To-

Uwe Rahn, Torschützenkönig und Fußballer des Jahres 1987.

ren), Uwe Rahn (1986/87 mit 24 Toren), Heiko Herrlich (1994/95 mit 20 Toren, zusammen mit dem Bremer Mario Basler)

Fußballspieler des Jahres (Deutschland)
Berti Vogts (1971, 1979), Günter Netzer (1972, 1973), Uwe Rahn (1987)

Fußballspieler des Jahres (Europa)
Allan Simonsen (1977)

Die meisten Bundesliga-Spiele
Berti Vogts (419), Uwe Kamps (390), Herbert Wimmer (366), Christian Hochstätter (339), Hans-Günter Bruns (331), Wolfgang Kleff (321)

Die meisten Bundesliga-Tore
Jupp Heynckes (195), Herbert Laumen (97), Hans-Jörg Criens (92), Uwe Rahn (81), Frank Mill (71)

Die meisten Elfmeter
Wilfried Hannes (31 Treffer in 38 Versuchen)

Sicherster Elfmeterschütze
Rainer Bonhof (10 Treffer in 10 Versuchen)

Die meisten Tore pro Spiel
Jupp Heynckes (5 Treffer beim 12:0 gegen Dortmund)

Die meisten Joker-Tore
Hans-Jörg Criens (14)

Die beste Torquote
Peter Meyer (19 Tore in 18 Spielen 1967/68)

Die meisten Eigentore
Michael Klinkert (5)

Die meisten gehaltenen Elfmeter in einem Spiel
Uwe Kamps (4 im Elfmeterschießen 1992 gegen Leverkusen, DFB-Pokal Halbfinale)

Günter Netzer wird als Fußballer des Jahres 1972 ausgezeichnet.

Historischer Sieg am 29. April 1978: Im Düsseldorfer Rheinstadion gewann die Borussia aus Mönchengladbach gegen die aus Dortmund mit 12:0.

Gladbacher im DFB-Dress

Seit 1936, als mit Heinz Ditgens erstmals ein Borusse im DFB-Trikot auflief, spielten insgesamt 34 Spieler aus Mönchengladbach für die deutsche Nationalelf. Sie erzielten in 438 Spielen 57 Tore für Deutschland. (Stand: 31.12.2011) Erster Borussen-Torschütze im Nationaldress war Albert Brülls (am 4. Oktober 1959 beim 4:0 gegen die Schweiz). Bislang letzter Nationalspieler der Borussia ist Marco Reus. Am 7. Oktober 2011 wurde er beim 3:1 im EM-Qualifikationsspiel gegen die Türkei in der 90. Minute eingewechselt. Dazwischen haben viele Spieler der Borussia eine bedeutende Rolle bei Welt- und Europameisterschaften gespielt.

Schuss aus vollem Lauf: Albert Brülls im Spiel gegen Chile bei der WM 1962.

WM-Spieler der Borussia

Erster WM-Teilnehmer der Borussia war Albert Brülls. Er bestritt 1962 in Chile alle vier Spiele des deutschen Teams und erzielte gegen die Schweiz auch einen Treffer. Vier Jahre später war der Torjäger bei der WM in England ebenfalls dabei, stand aber im Endspiel gegen die Gastgeber nicht auf dem Platz. Die Deutschen verloren mit 2:4.

Berti Vogts war der einzige Borusse im WM-Aufgebot von 1970, der sein Können auf dem Platz zeigen durfte. Peter Dietrich und Klaus-Dieter Sieloff waren zwar dabei, kamen aber nicht zum Einsatz. 1974 standen beim WM-Turnier in Deutschland sechs Borussen im DFB-Kader. Berti Vogts machte alle Spiele mit und bestritt zusammen mit Rainer Bonhof auch das Finale, das Deutschland mit 2:1 gegen die Niederlande gewann. Jupp Heynckes und Herbert Wimmer waren wegen Verletzungen im Finale nicht dabei. Wolfgang Kleff sorgte als Ersatzkeeper für gute Laune, und Günter Netzer murrte, weil er nach dem 0:1 gegen die DDR in der Zwischenrunde aussortiert worden war. Immerhin hatte er im Training als „Double" des niederländischen Spielmachers Johan Cruyff gute Dienste geleistet: Der hatte nämlich im Finale gegen seinen Bewacher Berti Vogts kein Land gesehen.

Bei der WM 1978 in Argentinien waren nur noch Bonhof und Vogts dabei, 1982 in Spanien vertraten Wilfried Hannes und Lothar Matthäus die Farben der Borussia. 1986 in Mexiko war lediglich Uwe Rahn im deutschen Aufgebot, und 1990 in Italien wurde Deutschland ohne Beteiligung eines Nationalspielers aus Mönchengladbach Weltmeister. Erst bei der Heim-WM 2006 gehörten mit Marcell Jansen und Oliver Neuville wieder Spieler der Borussia zum Aufgebot der Nationalmannschaft. Beim Vorrundenspiel gegen Polen wurde Neuville als Joker eingewechselt und erzielte in der Nachspielzeit das spielentscheidende 1:0.

EM-Spieler der Borussia

Drei Borussen standen 1972 auf dem Platz, als eine fantastische deutsche Mannschaft erstmals den Europameistertitel gewann: Günter Netzer, Herbert Wimmer und Jupp Heynckes. Auf der Bank saßen vier weitere: Berti Vogts, Horst Köppel, Rainer Bonhof und Wolfgang Kleff. 1976 mischte neben Wimmer, Vogts und Bonhof auch noch Dietmar Danner mit. Beim Titelgewinn 1980 kamen Lothar Matthäus und Karl Del'Haye zum Einsatz. 1984 stand neben Matthäus auch Hans-Günter Bruns im Kader. Es folgte eine lange Pause, bis 2004 mit Christian Ziege wieder ein Borusse bei einer EM dabei war, allerdings ohne zu einem Einsatz zu kommen. 2008 war Oliver Neuville nominiert, durfte aber nur wenige Minuten sein Können zeigen.

Berti Vogts 1974 mit der WM-Trophäe. Rechts neben ihm: der Bayer Schwarzenbeck und sein Gladbacher Mannschaftskollege Rainer Bonhof.

Die deutschen Nationalspieler der Borussia

Angegeben: (Länderspiele/Tore gesamt) Länderspiele/Tore für die Borussia (Stand: 28.6.2012)

Berti Vogts 96/1
Rainer Bonhof (53/9) 40/5
Jupp Heynckes (39/14) 38/14
Herbert Wimmer 36/4
Günter Netzer (37/6) 31/6
Lothar Matthäus (150/23) 26/0
Albert Brülls (25/9) 22/9
Oliver Neuville (69/10) 21/6
Michael Frontzeck (19/0) 16/0
Marcell Jansen (36/3) 16/1
Uwe Rahn 14/5
Marco Reus 8/2
Wilfried Hannes 8/0
Frank Mill (17/0) 8/0
Dietmar Danner 6/0
Wolfgang Kleff 6/0
Klaus-Dieter Sieloff (14/1) 6/1
Uli Stielike (42/3) 6/0
Marko Marin (16/1) 5/1
Hans-Günther Bruns 4/0
Horst Köppel (11/2) 4/0
Stephan Paßlack 4/1
Heinz Ditgens 3/0
Heiko Herrlich (5/1) 3/1
Harald Nickel 3/0
Hartwig Bleidick 2/0
Karl Del'Haye 2/0
Christian Hochstätter 2/0
Herbert Laumen 2/1
Peter Dietrich 1/0
Peter Meyer 1/0
Ludwig Müller (6/0) 1/0
Karlheinz Pflipsen 1/0
Bernd Rupp 1/1

Marco Reus gab 2011 sein Debüt im DFB-Trikot. Er soll nicht der letzte Nationalspieler der Borussia sein.

Partnervereine
Die Borussia arbeitet mit den Jugendabteilungen der Vereine Borussia SC Kapellen, FC Germania Dürwiß, FC Wegberg-Beeck, SuS 09 Dinslaken und SC Union Nettetal zusammen. Sie leistet dort intensive Unterstützung und bildet die Trainer aus. Der Hintergrund: Junge Spieler, für die ein Vereinswechsel noch nicht in Frage kommt, sollen bei ihrem Heimatverein optimal trainiert werden.

Gladbacher Fohlen mit großer Karriere

Die Nachwuchsarbeit spielt bei Borussia Mönchengladbach schon lange eine große Rolle. Schließlich waren es die legendären jungen Fohlen, die in den 1960er und 1970er Jahren den Ruhm der Borussia begründeten. Sie waren bereits als Junioren erfolgreich: 1962/63 gewann ein Team um die späteren Bundesliga-Stars Jupp Heynckes und Herbert Laumen die erste westdeutsche Jugendmeisterschaft für die Borussia.

Die Borussia fördert auch heute noch Talente und führt sie an den Profikader heran. Die Ausbildung orientiert sich am Spiel der klassischen Fohlen: dem offensiven, aktiven und kreativen Fußball. Fest steht: Auch in den letzten Jahren konnten viele Spieler, die in den Nachwuchsteams der Borussia das Fußball-Einmaleins gelernt haben, große Karrieren hinlegen. Seit der Eröffnung des Borussia-Parks im Jahr 2004 haben zum Beispiel Spieler wie Marcell Jansen oder Marko Marin den Sprung in die 1. Mannschaft geschafft. 2011 wurden die ehemaligen Jugendspieler Tony Jantschke, Patrick Herrmann und Marc-André ter Stegen zu Leistungsträgern im Bundesliga-Team der Borussia.

Erfolge der Junioren

Bei den ganz jungen Spielern (U9 bis U14) steht vor allem die Freude am Spiel im Vordergrund. Ab der U15 bis zur U19 geht es ernster zu, denn in diesem Alter muss ein Spieler zeigen, was er drauf hat. Die 2. Mannschaft der Borussia, die U23, die in der Regionalliga West spielt, bildet dann die letzte Bewährungsprobe auf dem Weg zum Profi.

2008 wurde Borussias U17 Westdeutscher Pokalsieger. Ganz links der damalige Jugendleiter Max Eberl. Im Jahr darauf erreichte die U17 auch den Titel des Westdeutschen Meisters.

Im Jugendinternat. Ganz rechts Patrick Herrmann, der inzwischen bei den Profis kickt.

> **Frauenfußball**
> Seit 1995 gibt es bei der Borussia auch eine Frauenabteilung. Im ersten Jahr starteten eine Frauenmannschaft und eine U16-Mädchenmannschaft in der untersten Klasse, der Kreisliga. Die erste Frauenmannschaft kickt seit 2011 in der 2. Fußball-Bundesliga Süd.

Bei der Borussia werden alle Talente nach ihren Fähigkeiten gefördert und gefordert. Das heißt: Im Vordergrund steht die fußballerische Entwicklung und nicht so sehr der Gewinn von Titeln und Pokalen. Aber natürlich wird auch in den Jugendteams ernsthaft um Siege gekämpft.

Die U17- und U19-Nachwuchsteams der Borussia, die ihre Heimspiele im Grenzlandstadion (Stadtteil Rheydt) austragen, treten in der höchsten Liga ihrer Altersklasse an, der Bundesliga West. Die U17 gewann bereits den Westdeutschen Pokal (2008) und die Westdeutsche Meisterschaft (2009). Die U19 erreichte im Jahr 2008 das Finale im DFB-Pokal.

Jugendleistungszentrum

Direkt im Borussia-Park ist das Jugendinternat untergebracht. Hier können talentierte Spieler wohnen, die aus ganz Deutschland und aus dem Ausland geholt worden sind. Insgesamt gibt es zwölf Einzelzimmer. Internatsleiter und Jugendsportdirektor Roland Virkus und sein Team achten darauf, dass neben der fußballerischen auch die schulische Ausbildung nicht zu kurz kommt. Die Qualität der Nachwuchsarbeit bei der Borussia, die dem berühmten Vorbild von Ajax Amsterdam nacheifert, wurde von der Deutschen Fußball Liga mit der Höchstwertung ausgezeichnet.

Da war er noch Nachwuchsspieler: Marc-André ter Stegen in einem Spiel der B-Junioren gegen den VfB Stuttgart im Juni 2009.

Die wichtigsten Trainer seit 1960

Trainerwechsel 1975: Udo Lattek übernimmt das Amt von Hennes Weisweiler (rechts).

Fach, Holger (*6.9.1962) Der ehemalige Spieler und Amateurtrainer der Borussia brachte während seiner gut einjährigen Amtszeit keinen Erfolg nach Mönchengladbach. Bei seiner Entlassung im Oktober 2004 stand die Borussia auf Tabellenplatz 16.

Favre, Lucien (*2.11.1957) Der Nachfolger des Gladbacher Urgesteins Michael Frontzeck hatte sein Können bereits gezeigt, als er die Durschnittsmannschaft von Hertha BSC bis in die Spitze der Liga geführt hatte. In Mönchengladbach sorgte der Schweizer mit dem fröhlichen Lächeln 2010/11 für den schon nicht mehr für möglich gehaltenen Klassenerhalt. Und seit der Saison 2011/12 spielen die Fohlen um das Supertalent Marco Reus plötzlich wieder einen rassigen Offensivfußball, von dem man schwärmen muss.

Frontzeck, Michael (*26.3.1964) Der ehemalige Borussen-Verteidiger begann als Assistent von Hans Meyer. Im Juli 2009 übernahm er das Team als Cheftrainer, hatte aber kein glückliches Händchen. Am 22. Spieltag der Saison 2010/11, als die Borussia auf dem letzten Platz lag, musste er das Zepter an seinen Nachfolger Lucien Favre übergeben.

Gelsdorf, Jürgen (*19.1.1953) Er stieg nicht ab und kam 1992 sogar ins Pokalfinale – dennoch gilt er als einer der schlechtesten Trainer, die jemals in Gladbach gearbeitet haben. Das von ihm trainierte Team zeigte Abwehrschlachten statt rassigen Offensivfußball. Logisch, dass er nicht allzu lange Trainer blieb.

Heynckes, Jupp (*9.5.1945) Der erfolgreichste Borussen-Stürmer aller Zeiten war zunächst ein Jahr lang Co-Trainer und stieg dann 1979 als Cheftrainer ein. Acht Jahre führte er Regie, ein Titelgewinn gelang ihm trotz zweier Finalteilnahmen im DFB- und UEFA-Pokal nicht. Kritiker warfen ihm vor, dass er seine Mannschaft in den entscheidenden Momenten zu ängstlich und defensiv hatte spielen lassen. Nach erfolgreichen Jahren im Ausland (u. a. Gewinn der Champions League mit Real Madrid) versuchte er sich in der Spielzeit 2006/07 noch einmal bei der Borussia. Als sein Team zu Beginn der Rückrunde auf einem Abstiegsplatz lag, trat er zurück. Wie später bekannt wurde, soll es Morddrohungen gegen ihn gegeben haben.

Köppel, Horst (*17.5.1948) Im Herbst 2004 sprang der ehemalige Borussen-Stürmer kurzzeitig als Interimstrainer ein. Im April 2005 erhielt er einen Zweijahresvertrag als Cheftrainer. Doch nach gut einem Jahr wurde Köppel entlassen, weil er der Mannschaft keinen attraktiven Fußball hat beibringen können. Immerhin: Mit Rang zehn hatte das Team eigentlich gar nicht so schlecht abgeschnitten.

Krauss, Bernd (*8.5.1957) Der zeitweilige Österreicher (inzwischen ist er wieder Deutscher) war zunächst Spieler, dann Assistent und schließlich vier Jahre Chefcoach am Bökelberg. Unter ihm kickte die Borussia zeitweise fast so gut wie in den 1970er Jahren. Und sie war auch erfolgreich: Zweimal erreichte Krauss den Einzug in den UEFA-Pokal, 1995 gewann er den DFB-Pokal. In der Saison 1996/97 folgten jedoch ein krasser Absturz und deshalb das Aus für Krauss.

Langner, Fritz (*8.8.1912 †25.1.1998) Der „eiserne Fritz" setzte vor allem auf Disziplin und knüppelhartes Konditionstraining. Da er aber auch jungen Talenten wie Netzer und Laumen Spielräume gab, war das von ihm zusammengestellte Team eine gute Basis, auf der Hennes Weisweiler ab 1964 aufbauen konnte.

Lattek, Udo (*16.1.1935) Unter dem Weisweiler-Nachfolger blieb die Borussia zwar weiterhin erfolgreich (2 x Deutscher Meister, 1 x UEFA-Pokal-Sieger), aber ihren Offensiv-Zauber hatte sie verloren. Die ehemals begeisternden Fohlen spielten einen defensiven, auf Sicherheit bedachten Fußball. So wie die Bayern eben, mit denen der Erfolgstrainer zuvor im selben Stil drei Meisterschaften geholt hatte.

Lienen, Ewald (*28.11.1953) Der ehemalige Borussen-Stürmer, der in Rostock und Köln erfolgreich gearbeitet hatte, durfte sich ein halbes Jahr in Mönchengladbach versuchen. Das Team des Trainers, der sich stets viele Notizen machte und deshalb „Zettel-Ewald" genannt wurde, stand bei seiner Entlassung am 6. Spieltag der Saison 2003/04 auf Tabellenplatz 17.

Luhukay, Jos (*13.6.1963) Unter dem ehemaligen Co-Trainer von Jupp Heynckes stieg die Borussia zum zweiten Mal in ihrer Vereinsgeschichte ab, schaffte aber auch den sofortigen Wiederaufstieg. Nachdem die Mannschaft unter dem Niederländer 2008/09 sechs der ersten sieben Spiele verloren hatte, kam seine Entlassung nicht überraschend.

Meyer, Hans (*3.11.1942) Der gebürtige Sachse, der 1981 den DDR-Klub FC Carl Zeiss Jena bis ins Finale des Europapokals der Pokalsieger geführt hatte, übernahm die Borussia im September 1999 auf dem letzten Rang der 2. Liga. Mit Sachverstand, Ausstrahlung und flotten Sprüchen hauchte er dem Team wieder Leben ein und verpasste nur knapp die sofortige Rückkehr in die Bundesliga. 2001 gelang der Wiederaufstieg, doch in der 1. Liga begann seine Wirkung allmählich zu verblassen. Im März 2003, als die Borussia auf dem 17. Tabellenplatz lag, trat er nach Streitereien mit Journalisten zurück. In der Saison 2008/09 wurde er noch einmal Trainer und schaffte mit der Borussia den Klassenerhalt. Trotz dieses Erfolgs bat er um eine vorzeitige Auflösung seines eigentlich bis 2010 gültigen Vertrages.

Oles, Bernd (*15.1.1921 †30.6.1988) Oles übernahm die Borussia als Nachfolger von Fritz Pliska, der zu Fortuna Düsseldorf abgewandert war, und führte sie in wenigen Wochen zum ersten großen Titel: dem Pokalsieg von 1960. Für weitere Erfolge war die Borussia aber noch nicht reif.

Rausch, Friedel (*27.2.1940) Unter Rausch gewann Eintracht Frankfurt 1980 im Finale gegen Borussia Mönchengladbach den UEFA-Pokal. 18 Jahre später führte er die Gladbacher ans Tabellenende der Bundesliga – und musste an Rainer Bonhof übergeben, der den Abstieg nicht mehr verhindern konnte.

Weisweiler, Hennes (*5.12.1919 †5.7.1983) Weisweiler war der Vater der erfolgreichen Fohlen-Elf der 1960er und 1970er Jahre. In Weisweilers elfjährige Amtszeit (1964 bis 1975) fallen der Aufstieg in die Bundesliga, drei Deutsche Meisterschaften, ein Sieg im DFB-Pokal und einer im UEFA-Pokal. Er wurde aber nicht nur wegen seines Erfolgs zur Trainer-Legende. Weisweiler ließ seine Jungs einen offensiven und ungezügelten Fußball spielen, von dem ganz Deutschland schwärmte. Weil ihm ein aufregendes 4:3 lieber war als ein ermauertes 1:0, wurde er von den Fans verehrt. Da verziehen ihm die Anhänger der Borussia sogar, dass er wegen des Geldes nach Barcelona ging und ihnen 1978 sogar noch als Trainer des 1. FC Köln die Meisterschaft wegschnappte.

Werner, Wolf (*8.4.1942) Der Nachfolger von Jupp Heynckes war im November 1989 der erste Borussen-Trainer, der vorzeitig entlassen wurde. Kein Wunder: Als er gehen musste, stand sein Team auf dem letzten Tabellenplatz.

Wichtige Führungskräfte

Edmund Pulheim (1948-53, 1954-57) ebnete der Borussia den Weg in den Profifußball. Dr. Helmut Beyer (1962-92) führte den Verein zusammen mit seinen Vorstandskollegen Dr. Alfred Gerhards und Helmut Grashoff (Manager) gewissenhaft und zuverlässig zu großen Erfolgen. Karl-Heinz Drygalsky (1992-97) entwickelte mit Manager Rolf Rüssmann erste Pläne für ein neues Stadion. Unter Adalbert Jordan (1999-2004) entstand der Borussia Park. Seit 1999 sorgt Rolf Königs dafür, dass bei der Borussia finanziell nichts schiefläuft. Der Ex-Profi Max Eberl schmiedet seit 2008 als Sportdirektor starke Borussen-Teams zusammen. Weitere Mitglieder im Vorstand der Borussia sind Siegfried Söllner und Stephan Schippers sowie der Ex-Spieler Rainer Bonhof und der Ex-Trainer Hans Meyer.

Lucien Favre ist nicht nur ein guter Trainer, sondern weiß auch, wie man feiert: nach dem geglückten Klassenerhalt 2011.

LEXIKON DER BORUSSIA-SPIELER (AUSWAHL)

(Stand: Ende Saison 2011/12)

Jahrhundertelf
Am 1. August 2000 wählten die Borussia-Anhänger zum 100-jährigen Vereinsjubiläum eine „Jahrhundertelf". Tor: Wolfgang Kleff. Abwehr: Berti Vogts, Hans-Günter Bruns, Wilfried Hannes, Patrik Andersson. Mittelfeld: Rainer Bonhof, Stefan Effenberg, Herbert Wimmer, Günter Netzer. Sturm: Jupp Heynckes, Allan Simonsen. Trainer: Hennes Weisweiler.

Abkürzungen: DFB = Pokalsieg, DM = Deutsche Meisterschaft, UEFA = UEFA-Cup (Europa-League), OL = Oberliga, BL = Bundesliga, ZL = Zweite Liga, RL = Regionalliga. In Klammern: Zeitraum bei der Borussia, Spiele/Tore. Wenn nicht anders angegeben, handelt es sich um Spiele in der Bundesliga.

A

Andersson, Patrik (*18.8.1971). Bärenstarker Abwehrchef aus Schweden (1993-99, 174/10).

Arango, Juan (*17.5.1980). Filigraner Mittelfeldspieler aus Venezuela (2009-12, 93/12).

Asanin, Sladan (*13.8.1971). Kroatischer Verteidiger mit feiner Technik (1998-2004, BL 97/6, ZL 53/8).

B

Belanow, Igor (*25.9.1960). Europas Fußballer des Jahres 1980, blieb in Gladbach jedoch blass (1989-91, 24/4).

Bleidick, Hartwig (*26.12.1944). Guter Linksverteidiger mit drei Titeln (1968-72, 114/6). 2 x DM, 1 x DFB

Bobadilla, Raúl (*18.6.1987). Bissiger Argentinier im Borussen-Sturm (2009-12, 59/8).

Bonhof, Rainer (*29.3.1952). Kampfstarker Weltmeister mit tollem Schuss (1970-78, 231/42). 4 x DM, 1 x DFB, 1 x UEFA

Borowka, Uli (*19.5.1962). Knochenharter Abwehrspieler, später in Bremen (1981-87, 149/11).

Bradley, Michael (*31.7.1987). Mittelfeldmann, Stammspieler in der US-Nationalmannschaft (2008-11, 76/10).

Broich, Thomas (*29.1.1981). Supertechniker ohne Durchschlagskraft, später Wahl-Australier (2004-06, 68/4).

Brouwers, Roel (*28.11.1981). Der „Mr. Zuverlässig" in der Borussen-Abwehr (2007-12, 95/11).

Brülls, Albert (*26.3.1937 †28.3.2004). Bulliger Angreifer, überragender Kapitän in den 1950er Jahren (OL 153/35). 1 x DFB

Bruns, Hans-Günter (*15.11.1954). Blondschopf, als Libero fast so gut wie Netzer im Mittelfeld (1978/79, 1980-90, 331/61).

Hans-Günter Bruns

C

Criens, Hans-Jörg (*18.12.1960). Der torgefährliche „Lange" im Borussen-Sturm (1982-93, 290/92).

D

Daems, Filip (*31.10.1978). Belgischer Abwehrrecke, Elfmeter-Versenker (2005-12, 149/10).

Dahlin, Martin (*16.4.1968). Dunkelhäutiger Schwede, eine Zeit lang Top-Stürmer (1991-98, 125/60). 1 x DFB

Danner, Dietmar (*29.11.1950). Schlaksiger Klassemann im Mittelfeld (1971-80, 179/27). 3 x DM, 1 x DFB, 2 x UEFA

Danner, Volker (*21.8.1942). Zuverlässiger Torwart, als „Flieger" bekannt (1966-70, 93/0).

Dante (*18.10.1983). Schwarzhaariger Struwwelpeter aus Brasilien, Abwehr-Ass (2009-12, 93/8).

De Camargo, Igor (*12.5.1983). Ballgewandter Brasilianer mit belgischem Pass (2010-12, 44/12).

Deisler, Sebastian (*5.1.1980). Supertalent, mit Hertha-Millionen nach Berlin gelockt (1998/99, 17/1).

Del'Haye, Karl (*18.8.1955). Blonder Flügelflitzer, versauerte in München auf der Bank (1974-80, 87/14). 3 x DM, 2 x UEFA

Demo, Igor (*18.9.1975). Slowakischer Mittelfeld-Anführer, cool beim Elfmeter (1999-2005, BL 86/15, ZL 56/13).

Dietrich, Peter (*6.3.1944). Unauffällig als Abräumer im Mittelfeld, aber wichtig (1967-71, 103/11). 2 x DM

Ditgens, Heinz (*20.7.1998). Erster Nationalspieler der Borussia (1930-48).

Dreßen, Hans-Georg (*30.12.1964). Kopfballstarker Kämpfer, oft verletzt (1982-91, 130/21).

E

Eberl, Max (*21.9.1973). Rechtsverteidiger, Kampfmaschine, heute Manager (1999-2005, BL 76/0, ZL 61/0).

Effenberg, Stefan (*2.8.1968). Selbstbewusster Führungsspieler, Tiger, Gladbachfan (1987-90, 1994-98, 191/33). 1 x DFB

Eichin, Thomas (*9.10.1966). Dauerbrenner in der Abwehr, garantiert torlos (1986-99, 180/0).

F

Fach, Holger (*6.9.1962). Lange Kapitän, bis Effenberg kam (1991-95, 102/15). 1 x DFB

Fleer, Jürgen (*26.2.1957). Nicht ganz so bissiger Nachfolger von „Terrier" Vogts (1979-84, 67/0).

Friend, Rob (*23.1.1981). Kanadischer Sturm-Riese mit Torriecher (2007-10, BL 50/10, ZL 33/18).

Frontzeck, Michael (*26.3.1964). Dynamischer Außenverteidiger, oftmaliger Rückkehrer (1983-89, 1995-96, 1998-99, BL 213/18, ZL 25/0).

G

Gores, Rudi (*5.9.1957). Stürmer, konnte Jupp Heynckes nicht ersetzen (1978-80, 33/3). 1 x UEFA

H

Hanke, Mike (*5.11.1983). Einst Nationalstürmer, heute mit seiner Erfahrung wertvoll (2010-12, 45/9).

Hannes, Wilfried (*17.5.1957). Einäugiger Libero mit großer Klasse (1975-86, 261/58). 2 x DM, 1 x UEFA

Hausweiler, Markus (*15.4.1976). Enorm fleißiger Mittelfeldspieler (1995-2005, BL 93/5, ZL 49/1).

Heimeroth, Christofer (*1.8.1981). War Stammkeeper, bis ter Stegen kam (2006-11, 67/0).

Herlovsen, Kai-Erik (*25.9.1959). Harter Norweger, hielt die Abwehr zusammen (1982-89, 118/3).

Herrlich, Heiko (*3.12.1971). Gläubiger Torschützenkönig, wollte unbedingt nach Dortmund (1993-95, 55/28). 1 x DFB

Herrmann, Patrick (*12.2.1991). Rechter Flügelmann mit Zukunft, U21-Nationalspieler (2008-12, 64/10).

Heynckes, Jupp (*9.5.1945). Stürmerlegende mit Torgarantie, heute Trainer (1964-67, 1970-78, 283/195). 4 x DM, 1 x DFB, 1 x UEFA

Hochstätter, Christian (*19.10.1963). Offensiv wie defensiv exzellenter Mittelfeldspieler, später Manager (1982-98, 339/55). 1 x DFB

J

Jansen, Marcell (*4.11.1985). Tempomacher auf der Außenbahn, gebürtiger Gladbacher (2004-07, 73/5).

Jantschke, Tony (*7.4.1990). Frische Mittelfeld-Hoffnung aus dem Fohlenstall (2008-12, 53/2).

Jensen, Henning (*17.8.1949). Dänischer Nationalstürmer, wechselte später zu Real Madrid (1972-76, 125/44). 2 x DM, 1 x DFB, 1 x UEFA

Juskowiak, Andrzej (*3.11.1970). Polnischer Stürmer, auf dem Bökelberg ein Chancentod (1996-98, 52/12).

K

Kamps, Uwe (*12.6.1964). Mädchenschwarm, ewig lange die Nummer 1 im Borussia-Tor (1982-2004, 390/0). 1 x DFB

Kastenmaier, Thomas (*31.5.1966). Kantiger Bayer mit Hammerschuss (1990-97, 182/40). 1 x DFB

Keller, Kasey (*29.11.1969). Glatzköpfiger Amerikaner im Borussen-Kasten (2004-07, 78/0).

Ketelaer, Marcel (*3.11.1977). Echtes Fohlen ohne ganz große Karriere (1995-2000, 2002-04, BL 80/1, ZL 30/10).

Kleff, Wolfgang (*16.11.1946). Das Otto-Double im Borussen-Tor (1968-82, 321/0). 5 x DM, 1 x DFB, 1 x UEFA

Klinkert, Michael (*7.7.1968). Kopfballstarker Abwehrrecke mit vorbildlichem Einsatz (1989-2001, BL 274/16, ZL 7/1). 1 x DFB

Klinkhammer, Hans (*23.8.1953). Außenverteidiger, Stammspieler in der großen Borussen-Zeit (1973-80, 149/2). 3 x DM, 2 x UEFA

Kluge, Peer (*22.11.1980). Kilometerfresser und Mittelfeldstratege (2001-07, 141/9).

Kneib, Wolfgang (*20.11.1952). Torwart, so stark wie ein Baum – und trotzdem gewandt (1976-80, 112/0). 1 x DM, 1 x UEFA

Köppel, Horst (*17.5.1948). Mittelfeldroutinier, „Horschtle", berühmter Toupet-Träger (1968-71, 1973-78, 184/38). 5 x DM, 2 x UEFA

Korell, Steffen (*27.10.1971). Abwehrspieler mit häufiger „Gelb"-Sucht (2000-05, BL 51/0, ZL 29/1).

Korzynietz, Bernd (*8.9.1979). Zum Außenverteidiger umgeschulter Stürmer (1999-2005, BL 94/5, ZL 56/5).

Krauss, Bernd (*8.5.1957). Wahl-Österreicher auf der Außenbahn, später erfolgreicher Trainer (1983-90, 167/8).

Manfred Orzessek

Frank Mill

Uwe Rahn

Kulik, Christian (*6.12.1952). Mittelfeldspieler, über zehn Jahre im VfL-Trikot (1971-81, 220/38). 3 x DM, 1 x DFB, 2 x UEFA

L

Laumen, Herbert (*11.8.1943). Zweitbester Bundesliga-Torschütze nach Jupp Heynckes (1962-71, 186/97). 2 x DM

Le Fèvre, Ulrik (*25.6.1946). Erster Däne im Borussen-Trikot, Kunstschütze (1969-72, 90/21). 2 x DM

Levels, Tobias (*22.11.1986). 2011 nach Düsseldorf verliehener Abwehrspieler (1999-2011, BL 83/1, ZL 27/0).

Lienen, Ewald (*28.11.1953). Revoluzzer mit hängender Zunge und Kinnbart (1977-81, 1983-87, 244/36).

M

Marx, Thorben (*1.6.1981). Mittelfeldantreiber mit Berliner Schnauze (2009-12, 74/1).

Matmour, Karim (*25.6.1985). Algerischer Stürmer ohne großen Torriecher (2009-11, 77/4).

Matthäus, Lothar (*21.3.1961). Entwickelte sich in Gladbach zum Mittelfeld-Ass, dann kauften ihn die Bayern (1979-84, 162/36).

Max, Martin (*7.8.1968). Stürmer mit Ladehemmung, bei 1860 München dann Torschützenkönig (1989-95, 142/22). 1 x DFB

Meier, Norbert (*20.9.1958). Erfahrener Nationalspieler im Mittelfeld (1989-92, 50/2).

Meyer, Peter (*18.2.1940). In jedem Spiel ein Treffer – dann das Aus wegen Verletzung (1967-70, 19/19). 1 x DM

Milder, Egon (*22.4.1942). Libero mit Spielmacher-Qualitäten (1963-69, 123/11).

Mill, Frank (*23.7.1958). Kämpfer, Dribbler, Torjäger und Liebling der Fans (1981-86, 153/71).

Müller, Ludwig (*25.8.1941). Der „Luggi" aus dem fränkischen Haßfurt – ein knorriger Vorstopper (1969-72, 81/6). 2 x DM

N

Netzer, Günter (*14.9.1944). Blonder Engel mit großen Schuhen – prägte als Regisseur die große Zeit der Borussia (1963-73, 230/82). 2 x DM, 1 x DFB

Neun, Jörg (*7.5.1966). Harter Mann auf der linken Abwehrseite (1987-97, 257/12). 1 x DFB

Neustädter, Roman (*18.2.1988). Talentiertes Nachwuchstalent mit U21-Erfahrung (2009-12, 59/1).

Neuville, Oliver (*1.5.1973). Kleiner Stürmer mit französischem Namen und italienisch-schweizerischen Wurzeln (2004-10, BL 119/27, ZL 34/15).

Nickel, Harald (*21.7.1953). Spezialist für aus dem Stand verwandelte Elfmeter (1979-81, 65/32).

Nielsen, Carsten (*12.8.1955). Dänischer Offensivmann, Nachfolger von Le Fèvre (1976-81, 109/23). 1 x DM, 1 x UEFA

Nielsen, Peter (*3.6.1968). Technisch guter Mittelfeld-Däne ohne Tordrang (1992-97, 1999-2002, BL 126/4, ZL 63/4). 1 x DFB

Nordtveit, Havard (*21.6.1990). Mittelfeld-Norweger mit Perspektive (2011-12, 47/2).

O

Orzessek, Manfred (*30.6.1933 †12.4.2012). Ab 1961 Torwart in Ober-, Regional- und Bundesliga (1961-67, BL 29/0, OL 35/0, RL 70/0).

P

Paßlack, Stephan (*24.8.1970). Offensivverteidiger, Kurzzeit-Nationalspieler (1996-99, 67/7).

Pettersson, Jörgen (*29.9.1975). Schwedenstürmer, der (zu) oft neben das Tor traf (1995-99, 114/32).

Pflipsen, Karlheinz (*31.10.1970). Supertechniker, der mehr aus seinem Talent hätte machen können (1989-99, 197/37). 1 x DFB

Pinkall, Kurt (*25.6.1955). War erst sehr treffsicher, ließ dann nach (1981-84, 1985-86, 92/21).

Pletsch, Marcelo (*13.5.1976). Untypischer, weil rustikaler Abwehr-Brasilianer (1999-2005, BL 88/3, ZL 54/0).

Polster, Toni (*10.3.1964). Österreichischer Rekordnationalspieler, bei der Borussia fast schon Ruheständler (1998-2000, BL 31/11, ZL 7/4).

R

Rahn, Uwe (*21.5.1962). Dirigent und Torjäger mit Riesentalent, leider ohne ganz große Karriere (1980-89, 227/81).

Reus, Marco (*31.5.1989). Super-Fohlen, schnell und torgefährlich, Symbol der neuen Borussia (2009-12, 97/36).

Ringels, Norbert (*16.9.1956). Abwehrspieler, versemmelte im Pokalfinale 1984 einen Elfmeter (1975-85, 163/6). 2 x DM, 1 x DFB

Rosenthal, Shmuel (*22.4.1947). Erster Israeli in der Bundesliga (1972-73, 13/1).

Rupp, Bernd (*24.2.1942). Bildete mit Heynckes und Laumen die Fohlen-Torfabrik (1964-67, 1972-74, BL 119/50). 1 x DFB

S

Salou, Bachirou (*15.9.1970). Stämmiger Togolese, hatte leider das Toreschießen nicht erfunden (1990-95, 86/13). 1 x DFB

Schäfer, Winfried (*10.1.1950). Rotblonder Antreiber und Libero, später Trainer-Lautsprecher beim KSC (1968-70, 1977-85, 210/15). 1 x DM, 1 x UEFA

Schäffer, Frank (*6.7.1952). So zuverlässig wie unauffällig im Abwehrzentrum (1974-83, 229/6).

Schneider, Martin (*24.11.1968). Qualitäts-Allrounder im Mittelfeld (1990-99, 266/8). 1 x DFB

Sieloff, Klaus-Dieter (*27.2.1942). Bildete mit „Luggi" Müller ein Bollwerk in der Abwehr (1969-74, 123/15). 2 x DM, 1 x DFB

Simonsen, Allan (*15.12.1952). Schmächtiger Sturm-Däne, „Europas Fußballer des Jahres" 1977 (1972-79, 178/76). 3 x DM, 1 x DFB, 2 x UEFA

Stadler, Joachim (*15.1.1970). Kein riesiges Abwehrtalent, aber Liebling der Fans (1991-97, 79/1). 1 x DFB

Stiel, Jörg (*3.3.1968). Schweizer Stoppelbart-Torwart, hatte Kultstatus am Bökelberg (2001-04, 89/0).

Stielike, Uli (*15.11.1954). Schnauzbärtiger Regisseur und Libero mit feiner Technik (1972-77, 109/12). 3 x DM, 1 x DFB, 2 x UEFA

Straka, Frantisek (*21.5.1958). „Franz" genannter Tscheche, Abwehrorganisator (1988-91, 81/1).

Stranzl, Martin (*16.6.1980). Österreichischer Verteidiger, der auch mal hinlangen kann (2010-12, 39/1).

Strasser, Jeff (*5.10.1974). Groß gewachsener Innenverteidiger aus Luxemburg (2002-06, 113/3).

Sude, Ulrich (*19.4.1956). Torwart, oft verletzt und oft zurückgekommen, Elfmeterkiller (1980-86, 126/0).

Surau, Ulrich (*19.8.1952). Vorstopper, der mit der Borussia viel gewann (1971-76, 57/3). 2 x DM, 1 x DFB, 1 x UEFA

Sverkos, Vaclav (*1.11.1983). Tschechischer Millionenstürmer mit Mängeln (2003-07, 75/17).

T

ter Stegen, Marc-André (*30.4.1992). Junger Keeper mit riesigem Talent (2010-12, 40/0).

Thiele, Günter (*7.11.1961). Kopfballstarker Stürmer, Spitzname „Schädel" (1986-89, 63/14).

Turek, Toni (*18.1.1919 †11.5.1984). Torwart-Rentner, als Weltmeister 1954 noch Fußballgott (1956-57, OL 4/0).

U

Ulich, Ivo (*5.9.1974). Mittelfeldspieler aus Tschechien, schoss das erste Tor im Borussia-Park (2001-05, 120/10).

V

van Houdt, Peter (*4.11.1976). Belgien-Import ohne Langzeit-Garantie (2000-04, BL 50/8, ZL 33/12).

van Lent, Arie (*31.8.1070). Flinker niederländisch-deutscher Stürmer (1999-2004, BL 77/21, ZL 68/33).

Veh, Armin (*1.2.1961). Als Spieler nicht so berühmt wie später als Trainer (1979-85, 65/3).

Vogts, Berti (*30.12.1946). Rechtsverteidiger, als „Terrier" jahrelang gefürchtet (1965-79, 419/33). 5 x DM, 1 x DFB, 2 x UEFA

W

Wimmer, Herbert (*9.11.1944). Als „Hacki" ein Laufwunder im Mittelfeld (1966-78, 366/51). 5 x DM, 1 x DFB, 1 x UEFA

Winkhold, André (*4.3.1962). Viele Jahre ein zuverlässiger Abwehrmann (1985-90, 128/3).

Witeczek, Marcel (*18.10.1968). In Gladbach nicht mehr torgefährlich, aber routiniert im Mittelfeld (1997-2003, BL 103/4, ZL 64/9).

Wittkamp, Hans-Jürgen (*23.7.1947). Toller Libero, kopfballstark und für Tore gut (1971-78, 179/29). 3 x DM, 1 x UEFA

Wittmann, Heinz (*12.9.1943). Erst Stammverteidiger, dann nur noch Ersatzmann (1965-72, 124/0). 2 x DM

Wohlers, Horst (*6.8.1949). Lehrer und Libero mit Ballgefühl (1975-80, 95/7). 1 x DM, 1 x UEFA

Wuttke, Wolfram (*17.11.1961). Begabter Offensivspieler, machte wenig aus seinem Talent (1980-83, 58/9).

Wynhoff, Peter (*29.10.1968). Langjähriges Mittelfeld-Ass mit Glatze (1989-99, 240/34). 1 x DFB

WIE WERDE ICH EIN FOHLEN?

Um Borussia-Profi zu werden, braucht man sehr viel Talent. Und noch viel mehr Fleiß. Außerdem muss man natürlich zeigen, was man kann. Gelegenheit dazu bietet die FOHLEN FUSSBALLSCHULE. Hier kann jeder unter Anleitung der Borussia-Jugendtrainer trainieren. Dazu muss man sich bei einem von der FOHLEN FUSSBALLSCHULE regelmäßig veranstalteten Fußball-Camps anmelden.

Bei den drei Tage dauernden Camps wird in kleinen Gruppen mit je zwölf Spielern täglich zweimal ein 90-minütiges Training absolviert. Auf dem Programm steht das Fußball-ABC, der Spaß soll aber auch nicht zu kurz kommen. So gibt es ein tolles Rahmenprogramm, eine Stadionführung und ein Mittagessen in der Business-Lounge des Borussia-Parks. Oft schaut auch ein Profi für eine Autogrammstunde vorbei. Die Besten haben die Chance, in eine Nachwuchsmannschaft des VfL aufgenommen zu werden.

Die kostenpflichtigen Fußball-Camps finden immer in den Schulferien Nordrhein-Westfalens statt. Im Winter werden sie in der Halle ausgetragen, sonst auf dem Trainingsgelände im Borussia-Park. Genaue Infos zu den nächsten Camps (Termine, Preise, Anmeldung) gibt es im Internet auf www.borussia.de/de/fohlen-frauen/jugendleistungszentrum/fussballschule. Hier gibt es auch ein Kontaktformular für alle, die den Jugendtrainern der Borussia zeigen wollen, welches Talent in ihnen steckt.

Älteren Torhütern und Feldspielern, die bereits erfolgreich bei einem Verein spielen, bietet die Borussia zudem professionell angeleitete Trainingseinheiten an. Auch hierzu gibt es brandaktuelle Infos auf der angegebenen Internetseite.